Cómo verse

bien

con cualquier

presupue$to

Cómo verse

bien

con cualquier

presupue$to

Desde cambios en tu estilo
de vida, productos de belleza
y maquillaje hasta
cirugía estética

Katherine Wright

Grupo Editorial Tomo, S.A. de C.V.
Nicolás San Juan 1043,
03100, México, D.F.

1a. edición, agosto 2013.

© *How To Look Great On Any Budget*
Katherine Wright
Publicado en 2010 por Geddes & Grosset Ltd.
144 Port Dundas Road, Glasgow

© 2008, Grupo Editorial Tomo, S.A. de C.V.
Nicolás San Juan 1043, Col. Del Valle. 03100, México, D.F.
Tels. 5575-6615 • 5575-8701 y 5575-0186
Fax. 5575-6695
http://www.grupotomo.com.mx
ISBN-13: 978-607-532-7
Miembro de la Cámara Nacional
de la Industria Editorial No. 2961

Traducción: Yvonne Alcocer
Diseño de portada: Karla Silva
Formación tipográfica: Armando Hernández
Corrector de primeras pruebas: Miroslava Turrubiarte
Corrector de primeras pruebas: Kaarina Vejar A.
Supervisor de producción: Leonardo Figueroa

Este libro se publicó conforme al contrato establecido entre
Geddes & Grosset Ltd. y *Grupo Editorial Tomo, S.A. de C.V.*

Impreso en México - *Printed in Mexico*

Contenido

Introducción

Es tu deber ser hermosa...

Vivimos en una era de apariencias. Todo el mundo quiere lucir mejor, impecable, radiante, sin estrés y generalmente más guapo.

Los que escriben sobre la belleza nos dicen que es fácil y sustentable y los consultores de belleza nos explican que debemos sacar lo mejor de nosotros. La publicidad de cualquier medio —películas, televisión y periódicos— nos satura de fotografías con pómulos perfectos, pieles radiantes, ojos despampanantes y cuerpos delgados como si de alguna manera toda la gente ordinaria (con pelo castaño y muslos rechonchos) hubiera abandonado el planeta dejando sólo a los seres humanos hermosos.

En otras palabras, la belleza ya no es sólo para algunos bendecidos —está al alcance de cualquier persona—, sólo que deben contar con la disciplina, los productos correctos, la dieta adecuada y una buena actitud. De acuerdo con la industria multimillonaria de la belleza hoy en día no tienes excusa para no lucir bien y ciertamente es bueno para sentirse mejor.

Los productos de belleza modernos proponen que el impulso de la apariencia no es la tarea que solía ser. Con algunas cositas puedes resaltar que estás preparada, que tu salud brilla y que estás vestida para impresionar.

Una obsesión

En un grado máximo, la belleza se puede convertir en una obsesión imposible de satisfacer. La interminable cirugía plástica puede acabar en extraños y alarmantes casos. En ocasiones la gente liga la belleza con la felicidad —sólo pueden estar felices si se ven de determinada manera.

Tres caminos para tres diferentes cuentas de banco

Es posible sacrificar varios años para mejorar tu apariencia, sin tener que estar obsesionada o tener una cuenta de banco enorme. Este libro examina los tres caminos (¡para tres diferentes cuentas de banco!) con los cuales podrás cambiar los aspectos de tu apariencia que no te gustan:

$$$ Procedimientos cosméticos
$$ Soluciones desde el salón de belleza y maquillaje

$ **Cambiando tu estilo de vida y utilizando remedios naturales**

$$$ Procedimientos cosméticos

La cirugía plástica tiene como objetivo mejorar la apariencia, aunque también incluye la cirugía reconstructiva e injertos de piel. La cirugía cosmética, que es lo mismo que la cirugía plástica, sólo se ocupa de mejorar apariencias —no tiene un fin médico.

Los orígenes de la cirugía plástica son sorprendentemente antiguos y datan de hace más de 3000 años. Existen evidencias de su práctica en los manuscritos del antiguo Egipto y en los escritos del doctor hindú Súsruta (600 a. C.). Él fue el pionero de la rinoplastia en aquellos que habían perdido su nariz, ya sea como consecuencia de un castigo o en una batalla. Miles de soldados jóvenes fueron desfigurados debido a las heridas causadas en la Primera y Segunda Guerra Mundial; esto provocó una curva de aprendizaje entre la comunidad dedicada a la cirugía plástica, así como entre los cirujanos en heridas de metralletas, quemaduras y amputaciones.

Se ha llegado a estimar que la cirugía plástica tuvo tal desarrollo durante los seis años posteriores a la Segunda Guerra Mundial como el que hubiera tenido en cincuenta años de paz. En el transcurso de los años sesentas y setentas los ricos y famosos comenzaron de forma notable a someterse a procedimientos quirúrgicos de belleza.

La cirugía cosmética solía ser imposible de pagar, pero ya no es así. Las estadísticas recientes sugieren que un porcentaje considerable de mujeres esperan en algún momento de su vida poderse realizar una. También se estima que el 11% de todas las cirugías de belleza son realizadas por hombres.

A pesar de que en muchas ocasiones la cirugía cosmética se puede convertir en una obsesión, miles de personas se someten a aumento de senos, levantamiento de piel flácida y exhaustivos procedimientos para lucir mejor y todas ellas reportan un incremento de felicidad y confianza.

Los tratamientos más comunes son aumento de senos, levantamiento de párpados, estiramientos en el cuello y cara y rinoplastia o correcciones en la nariz.

Un aspecto que no hay que olvidar es que, así como en cualquier cirugía, la estética también tiene riesgos. Para ello primero deberás consultar a tu médico de cabecera para que te dé referencias; él estará en condiciones de recomendarte a un buen cirujano, de informarle acerca de cualquier relevancia médica y podrá ocuparse de tu recuperación.

Todos los cirujanos plásticos deberán estar registrados en algún Consejo Médico Especializado. También se puede ver la Asociación de Médicos Cirujanos Estéticos (Asociación Mexicana de Cirugía Plástica, Estética y Reconstructiva, A. C. www.cirugiaplastica.org.mx).

Existe una categoría de procedimientos cosméticos conocida como "no-quirúrgica" o procedimientos "mínimamente invasivos"; los rellenos dérmicos, tratamientos con láser, tatuajes cosméticos, botox, etc.; entran en esta categoría.

A pesar de que estos procedimientos conllevan menos riesgos que los otros con anestesia general, ciertamente no es que no los tengan. En algunas ocasiones estos procedimientos están disponibles con esteticistas.

Te sugerimos que para minimizar los riesgos en tu salud, es importante que elijas a un doctor lo más calificado y experimentado posible.

$$ Salón de belleza y maquillaje

Hoy en día existe una desconcertante variedad de productos y salones de belleza, desde humectantes faciales hasta cremas extraordinarias que te ofrecen el mundo en bandeja de plata. En promedio las mujeres gastan $60 000 al año en productos de belleza y los hombres y adolescentes vienen detrás.

¿En realidad estos "productos maravillosos" están haciendo algo por ti, más allá de llenar tu baño?

Las opiniones son tan variadas como los productos mismos. Lo que sí es claro es que aunque los resultados son menos notorios que con una cirugía, utilizando los productos adecuados y de buena calidad se pueden observar diferencias.

Este libro te mostrará cómo sacar lo mejor de lo que tienes con un poco de ayuda de tu salón de belleza, maquillaje y productos de belleza.

$ Estilo de vida y remedios naturales

Existen muchas formas de resaltar tu apariencia, entre ellas están aquellas que sólo necesitan un esfuerzo en lugar de dinero.

Es reciente la disponibilidad y posibilidad de poder pagar una cirugía plástica o tratamientos intensos de belleza, sin embargo existen muchos tónicos antiguos y tratamientos que pueden ser muy efectivos. Para acceder a ellos sólo requieres un poco más de esfuerzo y mucho conocimiento. Por ejemplo, no tienes que asistir a un gran salón de belleza para convertir un pelo "rebelde" en un pelo "dócil". Pero sí tienes que saber qué le queda a tu forma de cara, qué colores van con tu tono de piel y cómo elegir los productos exactos y de buena calidad.

Te puedes volver tu propio manicurista y aplicarte faciales sin un gran desembolso de dinero. La belleza hecha en casa puede ser muy divertida; también te da la libertad de experimentar con cualquier cantidad de ingredientes, desde avena hasta aguacates y aceite de almendras ¡siempre y cuando sepas lo que estás haciendo!

Como bien dicen la belleza viene de adentro y no hay que invertir mucho en tu apariencia si fumas o tienes una mala alimentación. Un buen estilo de vida: Ejercicio regularmente, mucha comida saludable y descanso, te ayudarán a lucir bien y a retardar el proceso de envejecimiento. Este tipo de cambios no tienen por qué ser caros.

Piel

Introducción

La piel es el órgano más grande del cuerpo y pesa alrededor de 3 kilogramos. Su función va mucho más allá que sólo impedir que los otros órganos se salgan. Regula la temperatura del cuerpo, produce el sudor y el cebo, almacena agua y grasa y facilita nuestro sentido del tacto. También nos protege de los daños por los rayos ultravioleta y de millones de organismos peligrosos que andan por el aire que nos rodea.

De hecho amar la piel en la que vives es mucho más fácil decirlo que hacerlo, ya que tus enojos por la mínima provocación le dejan huellas de envejecimiento prematuro, o tiene cicatrices, o en ocasiones está más pálida que una pared aún después de haber pasado semanas en Bermudas.

Pero no te desesperes, es increíble lo que puede lograr una dosis regular de ejercicio (súper vigoroso) al aire libre junto con litro y medio de agua al día, aún en los cuerpos más olvidados. A esto agrégale una buena dieta (alta en frutas y vegetales frescos, poca azúcar, sal y grasas saturadas), un buen descanso y una buena actitud ante la vida y te darás cuenta de que ni siquiera necesitas una mascarilla.

Por el otro lado debes de pensar que la única manera de rejuvenecer tu piel o enfrentar las manchas permanentes es a través de la cirugía. Aún así, si decides tomar este camino deberás cuidar muy bien tu piel después de la cirugía si no quieres regresar nuevamente al mismo lugar. Todo esto incluye deshacerte de los malos hábitos, como fumar y beber en exceso.

Por supuesto que hay un término medio —los productos de belleza.

La industria de la belleza está preparada para dejarte saber todo de ellos, incluso insinúan sutilmente que algunos productos son tan buenos como un estiramiento facial. Éstos suelen tener su precio, pero no asumas que el producto más caro es el mejor. Investiga y toma nota de los productos más populares —normalmente son populares por alguna razón.

El principio y fin del cuidado de la piel, por encima de las recomendaciones del estilo de vida, es limpiarla todas las noches con una buena loción o jabón facial. Es mejor no utilizar jabón normal, ya que reseca la piel quitándole sus aceites naturales y la deja sensible y susceptible a posibles erupciones. También los hombres deberían de invertir en una loción de limpieza facial de calidad que limpie los poros de la acumulación de partículas sucias del día.

Después de esto continúa con un buen humectante con filtro solar de por lo menos 15 FPS, con esto en poco tiempo tu piel lucirá mucho mejor. La crema para el contorno de ojos es una buena inversión para cualquier persona mayor de 40 años, así como también la de cuello, las dos hay que aplicarlas con movimientos ascendentes para contrarrestar los efectos de la gravedad.

Algunos productos prometen el cielo y cuestan una fortuna, así que aquí hay algunas reglas para tener en mente al comprar un humectante o crema facial.

Número uno, siempre pruébala antes de comprarla. La mayoría de las compañías reconocidas ofrecen muestras, si no, cualquier persona del mostrador te dejará probar el producto para ver si te gusta. Esto te permitirá saber si tu piel responde positivamente al producto, o si estalla al más mínimo olor del mismo.

Segundo, siempre utilízala moderadamente. Exagerar la cantidad puede ser tan dañino como el no utilizarla y puede tapar los poros.

Tercero, busca productos con antioxidantes, normalmente vienen mencionados en el empaque como vitaminas A, C y E. Estos nutrientes parece que absorben o reducen los radicales libres, que dañan la producción de colágeno y reducen la capa lipídica de la piel en donde se retienen todos los humectantes.

Finalmente, si el producto es un humectante de día, asegúrate de que incluya un protector solar de por lo menos 15 FPS. De no ser así, los efectos dañinos del sol, incluso en los días nublados, podrían anular todo el buen trabajo de tu producto.

Patas de gallo

Las patas de gallo son las delgadas líneas que aparecen en las esquinas exteriores de los ojos con la edad. Principalmente son causadas por el envejecimiento natural, en donde la piel va perdiendo sus provisiones de colágeno —proteína multiusos que da a la piel su flexibilidad y fuerza—. Si las patas de gallo son muy pronunciadas o prematuras podrían ser el resultado de una excesiva exposición al sol, fumar, hacer gestos, reír y sonreír. Si no son muy profundas hay mucho qué hacer para mitigarlas.

$$$ Procedimientos Cosméticos

Inyecciones de colágeno y rellenos dérmicos
Intervención no quirúrgica. Las inyecciones de colágeno y rellenos dérmicos están en el auge de la industria. Estas inyecciones pretenden desaparecer las líneas finas de expresión, haciendo que la piel se vea más pareja y firme. El colágeno sintético es el más popular.

El procedimiento debe ser llevado a cabo por un profesional certificado. Éste comienza con la aplicación de una anestesia tópica y continúa con una serie de inyecciones con una aguja muy fina en las áreas afectadas. Estas áreas deberán ser masajeadas y en los días posteriores el relleno se combinará con el agua que produce el cuerpo para así alcanzar la firmeza y dar una apariencia más juvenil.

El procedimiento puede durar una hora y normalmente se puede salir de la clínica en poco tiempo. Los resultados serán más visibles en una o dos semanas y pueden durar de tres a seis meses.

Normalmente las reacciones alérgicas están asociadas al relleno, asegúrate de que te hagan una prueba de alergias, ya que el procedimiento no es reversible. Si eres propenso a las úlceras bucales podrías experimentar un brote, así que mejor toma un antiviral como precaución. Los efectos secundarios podrían ser la incomodidad y los moretones. Los efectos secundarios más graves —que son muy raros— podrían ser un enrojecimiento prolongado, endurecimiento de tejidos y bolas.

Los costos podrían variar desde $4200 hasta $21 000, dependiendo de la reputación de la clínica, la calidad del relleno y el nivel de tratamiento que requieras.

Piling químico

Los piling químicos pueden ayudar a reducir las finas líneas de expresión, pero prepárate para cubrirte del sol después de esto porque dejan la piel más delgada y sensible al sol. Un piling suave para las líneas de expresión es muy diferente a uno profundo, así que escucha los buenos consejos de un dermatólogo.

Un piling suave comienza con una limpieza en el rostro con acetona, un solvente muy fuerte. Después se limpia la cara con un ácido relativamente seguro, como el glicólico o tricloroacético. En uno o dos días varias capas de piel se despegarán y te dejarán notablemente rejuvenecida. Se necesitarán varios piling durante varias semanas para dejarte una impresión duradera. Un piling profundo involucra un ácido mucho más fuerte, como el fenol, y sólo se recomienda para líneas de expresión muy profundas o problemas específicos como cicatrices.

Mientras que un piling suave puede ser muy rápido y ágil, uno profundo podría ser muy doloroso y se puede llegar a necesitar anestesia local. Los efectos secundarios son muy severos, la piel se pone en llagas, se hacen costras y supura hasta que las capas de la piel se caen y dejan la cara muy roja y sensible hasta por seis semanas. Mientras más profundo sea el piling, más se incrementan los riesgos; podría haber cicatrices, aunque es poco común, y podría haber cambios en la textura de la piel. Una de cada diez personas experimenta alteraciones en el pigmento de la piel. Por esta razón, los piling químicos se recomiendan sobre todo para personas de piel clara.

Los piling químicos podrían costar desde $12 000 hasta $40 000 por todo el tratamiento.

$$ Salón de belleza y maquillaje

Existe una enorme colección de remedios anti-edad en el mercado, aunque también existen productos específicos dirigidos a las líneas de expresión alrededor de los ojos.

Ácidos alfa-hidróxidos o ácidos frutales

Los ácidos alfa-hidróxidos (AHAs, por sus siglas en inglés) también conocidos como ácidos frutales, son los más prominentes y su forma más común es el ácido glicólico. Con el paso del tiempo la piel se vuelve menos eficiente en deshacerse de las células muertas y esto provoca en la piel un efecto de cansancio y arrugas. Los AHAs causan que la piel se deshaga de esas capas muertas a través de un proceso no muy diferente a un piling químico. Se deben utilizar con precaución, ya que los riesgos incluyen picazón y una alta sensibilidad al sol e incluso quemaduras. De preferencia busca productos que contengan AHAs en una concentración del 10% o menos y con un pH de 3.5 o menos; además cuando los estés usando evita la exposición a la luz del sol o utiliza un protector solar muy alto.

Retin-A o Tretinoína

El Retin-A o Tretinoína es otra solución muy común para las finas líneas de expresión. Sus fabricantes aclaman que incluso puede ayudar a estimular la producción de colágeno, la cual rejuvenece la piel con líneas de expresión. De cualquier manera utilízalo moderadamente y no esperes resultados hasta varios meses después. Los efectos secundarios pueden ser picazón, descarapelamiento e incremento de sensibilidad al sol, por lo tanto monitorea sus efectos mientras lo utilizas —el uso prolongado puede acelerar el proceso de envejecimiento—. De forma alterna utiliza una crema de calidad para el contorno de los ojos y aplícala moderada y regularmente.

Lo puedes adquirir en farmacias, sólo con receta, ya sea en crema o gel.

$ Estilo de vida y remedios naturales

Podrías evitar las líneas causadas por la risa, si te dejas de reír, ¡pero eso no es necesario!

Aléjate del sol

Cubrirte del sol es una gran medida preventiva. Siempre ten a la mano un par de lentes para ponértelos en cuanto sientas que tienes que hacer gestos.

Deja de fumar

Si quieres tener una piel sin expresiones, entonces deja de fumar o no comiences.

Dieta

Por último tienes que considerar tu dieta y empezar a comer alimentos ricos en vitaminas A, C y E si quieres mantener las líneas de expresión alejadas. La Universidad de Monash en Melbourne, Australia, realizó un estudio con 473 personas griegas, suecas y australianas mayores de 70 años; en este estudio se concluye que una apariencia juvenil se relaciona íntimamente con alimentos como frutas frescas, vegetales, té, mucha agua, pescado, aceite de oliva, cereales de grano entero, productos lácteos reducidos en grasa, nueces y legumbres. Los productos asociados con el envejecimiento de la piel incluyen la carne, leche entera y el consumo diario de productos como la mantequilla, margarina, comidas azucaradas, harina refinada y sorprendentemente la papa.

Líneas de expresión en el entrecejo y frente

Estas líneas se empiezan a formar desde una edad muy temprana, especialmente si tienes mala vista o si eres muy enojona. Esto significa que se pueden volver muy profundas y desafortunadamente hacerte lucir vieja y de mal carácter. Así como para las patas de gallo existen varias soluciones, para éstas también.

$$$ Procedimientos cosméticos

Botox

El tratamiento no quirúrgico más popular para las líneas de la frente y el entrecejo son las inyecciones de botox. El botox —toxina botulínica A— utiliza una diminuta cantidad diluida de la toxina nerviosa que causa el Botulismo, la terrible enfermedad que paraliza. Cuando se inyecta en la piel, ésta bloquea la liberación de la acetilcolina, químico que detona la contracción de los músculos. Por lo tanto el botox paraliza los músculos faciales, que con sus acciones repetidas causan las arrugas. La piel queda inmediatamente rejuvenecida y tersa, con el paso de los meses las líneas desaparecen un poco y se previene que sean más profundas.

Si utilizas el botox de manera regular te vas a dar cuenta de que ya no lo necesitarás por mucho tiempo, esto debido a que los músculos se acostumbran a la inactividad.

El procedimiento dura de 10 a 15 minutos y no se necesita anestesia. Normalmente salen algunos pequeños moretones. Otros efectos secundarios más serios, aunque poco comunes incluyen dolor de cabeza, infecciones respiratorias, síntomas de resfriado y náusea. El utilizar demasiado botox puede causar párpados caídos —un problema que generalmente desaparece junto con el tratamiento—. De cualquier forma tu cara podría encontrar otra manera de fruncir, utilizando otros músculos, y así crear nuevas líneas en otras áreas. Si éste es el caso, entonces detén el tratamiento de botox.

Los resultados se pueden ver después de algunos días de la aplicación y duran de tres a cuatro meses. Sin embargo, el botox sólo funciona si tus arrugas son causadas por el movimiento muscular. No tiene efectos en la piel dañada con el sol. Ya que el botox es un medicamento con prescripción, sólo puede ser administrado por un profesional.

Las inyecciones de botox cuestan de $3000 a $6000.

Rellenos dérmicos y piling químico

Los rellenos dérmicos (ver pág. 20) son otra alternativa no quirúrgica y se pueden combinar con el botox para obtener resultados más duraderos o para tratar líneas muy profundas. Los piling químicos son otra opción más severa (ver pág. 21).

Frente y levantamiento de cejas

Para aquellas que quieren resultados más dramáticos y desean y pueden hacerse una cirugía, entonces el levantamiento de frente o cejas puede ser una opción. Los levantamientos de cejas o frente consisten en cortar parcialmente o deshabilitar los músculos que causan que las cejas se contraigan y que la frente se arrugue en líneas horizontales. Ésta es una operación seria y requiere de anestesia general, así como de tomar en cuenta todos los asuntos de salud.

La operación inicia con un corte justo debajo de la línea del cabello —llamada incisión "auricular"— que se extiende de una oreja a otra. Para los hombres que sufren de calvicie o adelgazamiento de cabello, normalmente se les realiza en medio del cuero cabelludo siguiendo el contorno natural del cráneo, para así esconder la cicatriz.

Después se levanta la piel removiendo el tejido sobrante y los músculos sueltos o alterados. Las cejas también tienen que ser levantadas para aliviar la flacidez. El exceso de piel se corta en el lugar de la incisión y se cierra con grapas o puntadas.

De forma alternativa, el procedimiento se puede hacer utilizando un endoscopio y un pequeño lápiz con una cámara programada conectada a un monitor. En este caso, en lugar de hacer una gran incisión se hacen tres o cuatro o cinco pequeñas a lo largo de la línea de crecimiento del cabello y el levantamiento de la piel y las cejas se hace subcutáneamente.

Como en cualquier procedimiento quirúrgico el paciente puede terminar cansado, frágil e incluso deprimido; también estará hinchado, con dolor y entumecido. El hormigueo podría durar hasta seis meses y podría presentarse adelgazamiento de cabello y cicatrices en las zonas de las incisiones.

Los levantamientos de cejas y frente podrían costar $50 000.

$$ Salón de belleza y maquillaje

AHAs y Tretinoína o (Retin-A)

Los AHAs (ver pág. 23), el Retin-A o Tretinoína (ver pág. 23) también pueden ser útiles en el tratamiento de las líneas de la frente y el entrecejo.

Rellenos para líneas de expresión

Los rellenos tópicos para líneas de expresión que afirman desaparecerlas a través del estímulo en la producción de colágeno han invadido el mercado, sin embargo no existe evidencia contundente para afirmar que funcionan. Si éstos contienen antioxidantes, entonces por lo menos ayudan a reducir el proceso de envejecimiento. Antes de comprarlos consigue unas muestras y pruébalos.

Parches frownies

Otro tratamiento muy popular son los parches *frownies*, los cuales se adhieren directamente en la zona del problema para inhibir fruncir el ceño e hidratar intensamente. Han estado en circulación desde 1989 e incluso han sido presentados en alguna película de Hollywood. Son de bajo costo, no son invasivos y son muy utilizados por las celebridades.

$ Estilo de vida y remedios naturales

¡Relajarse!

Los mismos puntos de las patas de gallo aplican aquí. Sin embargo, hay que aprender conscientemente a mantener la frente relajada, incluso en momentos de estrés debes guiar a tu inconsciente a mantener una apariencia más relajada, lo que a su vez suavizará algunas de las líneas existentes y detendrá el desarrollo de muchas otras.

Líneas de expresión alrededor de la boca

Frecuentemente, las líneas de expresión alrededor de la boca son en la cara el primer y más notable signo de la edad y una de las grandes causas es fumar. La repetida acción de fruncir los labios en los fumadores causa una ráfaga de delgadas líneas alrededor de los labios, mientras que el fumar por sí mismo es la mayor causa de envejecimiento prematuro. Así que si tú eres una fumadora, una de las mejores cosas que puedes hacer para reducir las líneas alrededor de la boca y detener el proceso de envejecimiento es dejar de fumar ahora mismo.

$$$ Procedimientos cosméticos

Botox, rellenos dérmicos, piling químicos

Para las líneas alrededor de la boca puedes intentar el botox o los rellenos dérmicos como se explicó anteriormente; a través del botox podrás inhibir muchas expresiones faciales mientras el tratamiento sea efectivo.

El piling químico (página 21) es una opción más agresiva.

Microdermoabrasión

Ya que la piel alrededor de la boca es más gruesa que la del área de los ojos, la dermoabrasión y microdermoabrasión son opciones muy valiosas.

La microdermoabrasión es un proceso mediante el cual partículas abrasivas (óxido de aluminio o cristales de diamante) se aplican por toda la piel y después se aspiran llevándose así algunas de las primeras capas de la piel. La cara debe lucir inmediatamente más suave y fresca, pero sólo durará por uno o dos días.

Dermoabrasión

La dermoabrasión es un procedimiento mucho más agresivo en el cual las capas externas de la piel literalmente son lijadas con un dermoabrasor. Este tratamiento también se utiliza para eliminar las cicatrices por el acné y ciertamente remueve las líneas de expresión. Sin embargo, esto también puede remover el pigmento, haciendo necesario cubrirlo con maquillaje justo después de realizarlo.

Después de la dermoabrasión, se formarán costras en la piel que sanarán en unos diez días.

Estos tratamientos tienen un costo de $1500 por sesión.

$$ Salón de belleza y maquillaje

Por favor ve a la sección de patas de gallo y entrecejo en las páginas 20 y 25.

$ Estilo de vida y remedios naturales

Por favor ve a la sección de patas de gallo y entrecejo en las páginas 20 y 25.

Papada

La edad, la gravedad y la herencia pueden ser las causas de papadas flácidas. Esta piel colgante es uno de los signos más desalentadores de la edad y sólo se puede ir volviendo peor. Aún así existen cosas que puedes hacer para mantener tu papada en su lugar.

$$$ Procedimientos cosméticos

Cirugía facial

La solución más radical para la papada colgante es la cirugía facial o ritidectomía. El término "cirugía facial" es un poco engañoso, ya que no se refiere a un procedimiento en toda la cara, sino solamente a la tercera parte baja del rostro; esto incluye papada, cuello y boca. Ésta es una cirugía mayor y se lleva a cabo con anestesia general, se necesitan una o dos noches en el hospital y muchas semanas de convalecencia junto con citas de continuidad con el cirujano.

El procedimiento comienza con una incisión alrededor de la parte delantera y trasera de la oreja, siguiendo su contorno natural a lo largo de la línea del cabello para minimizar las cicatrices. Si el cirujano utiliza un endoscopio, entonces serán varias y pequeñas incisiones, en lugar de una larga. El exceso de grasa se retira de la papada y los músculos se estiran, dándole así a la cara un contorno más suave y rejuvenecido. Este estiramiento de los músculos es muy importante, ya que podría terminar en el efecto llamado "cara jalada" el cual puede ser el aspecto notorio del estiramiento facial. Entonces la piel se alisa lo suficiente y el restante se corta en la incisión; se cierra y el paciente es llevado a la sala de recuperación.

Después de pasar algunos días en el hospital, el paciente deberá seguir las indicaciones post-operatorias del cirujano por varias semanas; algunas son mantener la cabeza elevada, evitar cualquier actividad en donde trabajen muy duro los músculos faciales (por ejemplo masticar chicle). Los resultados pueden ser dramáticos y durar por mucho tiempo si se proveen los cuidados necesarios.

Existen riegos como tener dolor, moretones e infecciones. Todos deben ser temporales. Podrían existir cicatrices, pero estarán bien escondidas en la línea del cabello.

También podría haber pérdida de tejidos de la piel cerca de las cicatrices o de las orillas en donde la piel y el tejido subyacente fueron separados para el procedimiento. Aunque es muy raro, podría resultar algún daño nervioso con el cual habría pérdida de control sobre cierta área de la cara.

El costo de este procedimiento está en un rango de $90 000 a $150 000.

"Cirugía en la hora del almuerzo"

Una cirugía mucho menos dramática y con menos riesgos involucrados es la llamada "cirugía a la hora del almuerzo". Ésta es una buena opción para la gente entre los 30 y 50 años con una piel razonablemente elástica y menos papada colgante.

El procedimiento se puede llevar a cabo con anestesia local e involucra la inserción de hilos quirúrgicos por debajo de la piel y las incisiones se hacen en la línea del cabello. Estos hilos están puntados con unos pequeños dientes que se enganchan con el tejido grasoso de la papada. Cuando se jalan hacia arriba, el tejido se levanta, dando así una apariencia más delineada y firme a la papada. Como el colágeno se acumula naturalmente en el lugar de estos engranajes, entonces la piel mantiene su nueva configuración, haciendo de este procedimiento una protección contra el envejecimiento prematuro.

Los riesgos incluyen bolitas e irregularidades en la piel, pero desaparecerán en poco tiempo. De no ser así, los hilos se remueven y la cara vuelve a su estado anterior.

La "cirugía en la hora del almuerzo" es rápida y menos complicada que cualquier cirugía facial y cuesta alrededor de $30 000.

Liposucción

La liposucción se puede utilizar para remover el exceso de tejido graso en la papada y se puede hacer sola o en conjunto con un levantamiento facial. Si únicamente se realiza la liposucción, se debe hacer con mucho cuidado, ya que cualquier pequeña irregularidad en el rostro es muy notoria. La liposucción facial se realiza utilizando una cánula de diámetro pequeño, 3 mm o menos, y debe ser muy precisa.

Las complicaciones pueden ser moretones e hinchazón que durarán por una semana, la mejora se nota rápidamente y son muy raras las cicatrices.

Los costos van desde $45 000 por sesión, por trabajo facial.

Lipodisolución

La lipodisolución también remueve el tejido graso, pero a través de unas inyecciones disolventes de grasa en lugar de un tubo que succiona. Este proceso es más lento que la liposucción, pero menos invasivo e igual de efectivo.

La lipodisolución puede costar desde $5000 en áreas tan pequeñas como la papada.

Thermage

Los tratamientos como el *thermage* son incluso menos invasivos. Alisan la piel, utilizando dispositivos de calor regeneradores. El *thermage* usa dispositivos de radio frecuencia para llevar el calor a las capas más profundas de la piel; esto estimula el colágeno, mientras que enfriando y protegiendo las capas superficiales de la piel se logra que se contraiga y se tense, dando como resultado una apariencia rejuvenecida. La piel podría seguir mejorando hasta por seis meses, hasta que se necesite un tratamiento de mantenimiento.

Los efectos secundarios incluyen enrojecimiento y ampollas que desaparecerán en poco tiempo.

Una hora de tratamiento cuesta alrededor de $10 000.

$$ Salón de belleza y maquillaje

No olvides el cuello

Cuando decimos que nos cuidamos la piel, la mayoría de nosotras entendemos que nos cuidamos la cara —deteniéndonos en la línea de la quijada—. Si quieres tener una papada firme, entonces tus cuidados de la piel deben bajar hasta el cuello.

Exfoliantes

Los exfoliantes faciales como los jabones o limpiadores arenosos ayudan a remover la piel y células muertas de las capas superficiales. Proponte darle a tu cara y línea de la mandíbula una completa y suave exfoliación una o dos veces por semana. Deberás probar varias marcas antes de encontrar la que te acomode y no reseque o deje sensible tu piel.

Cremas hidratantes

Un buen hidratante también puede hacer maravillas. Busca cremas "reafirmantes" que den una hidratación intensa a la piel seca, mientras también estimulan la producción de colágeno. Menos es más, en cualquier hidratante. Si aplicas demasiado puedes resecar tu piel, aplica moderadamente y no esperes resultados inmediatos. Puede tomar semanas ver una mejoría.

$ Estilo de vida y remedios naturales

Ejercicio

Ciertamente es inevitable tener una papada flácida, especialmente si tienes estos genes. Pero es posible retrasar el inicio, incluso sin cirugía y cremas costosas. El ejercicio puede hacer la diferencia, intenta esto:

Párate derecha con la cabeza recta. Ahora despacio levanta tu barbilla hasta que quedes mirando el techo. Sostenlo por 10 segundos y luego baja la barbilla hasta que vuelvas a observar hacia el frente. Repítelo 15 veces por día.

Ladea tu cabeza hacia la derecha, tu oído está muy cerca del hombro, no lo fuerces. Quédate por 10 segundos y regresa la cabeza al centro. Repítelo 10 veces y luego cambia de lado e igual repítelo 10 veces.

Postura

Cuando estés caminando o sentado trata de mantener la cabeza recta, imaginando que un cable te jala de la coronilla al techo. Esto no sólo estirará los músculos del cuello y mantendrá tu cuello y papada tonificados, sino que también mejorará tu porte, dándote inmediatamente un aspecto de alguien más delgado y un comportamiento más juvenil.

Acné

El acné aparece sobretodo en la pubertad debido a la elevada producción de la hormona masculina testosterona. Esta hormona que es secretada tanto por niños como por niñas, estimula la producción de cebo (aceite). El producir demasiado cebo puede causar folículos pilosos o poros que se bloquean, dando como resultado puntos negros o puntos blancos. Incluso en los casos leves, la piel se puede sentir con bolas y rasposa.

Si los poros bloqueados se inflaman por una bacteria, la piel se pone roja e irritada y los nódulos y quistes aparecen. Éstos pueden no verse y doler y pueden supurar, formar costras y dejar cicatrices. El acné muy severo, llamado acné quístico, es muy raro. Puede ser muy dañino sicológicamente, así como doloroso y vergonzoso.

El acné normalmente ataca la cara, cuello y hombros, pero se puede extender hasta la espalda, la parte alta de los brazos e incluso las ingles.

El acné es un problema de la adolescencia, aunque también puede afectar a los adultos o incluso bebés. Cerca del 90% de todos nosotros sufrimos cierto tipo de acné en alguna etapa de nuestra vida. El género masculino suele ser más propenso y es más probable que sufran de un acné severo.

$$$ Procedimientos cosméticos

Terapia láser

La terapia láser es el tratamiento más moderno para tratar el acné. Es razonablemente costeable y tiene muy pocos efectos secundarios. Cuando mucho será poco efectivo o sólo será efectivo mientras dure el tratamiento.

Existen dos tipos de terapia láser recomendadas para tratar el acné —láser de colorante pulsado, para los casos leves y láser infrarrojo para los casos severos. El primero se administra sin anestesia y el procedimiento es relativamente sin dolor. Normalmente se utilizan lentes para proteger los ojos del daño de la luz. No es un láser ablativo, lo que significa que trabaja por debajo de la superficie de la piel para alcanzar las capas más profundas del tejido y reducir las glándulas sebáceas que producen el cebo. También destruye las bacterias y estimula la producción de colágeno. Normalmente con tres sesiones es suficiente y se debe observar una mejoría inmediata.

El láser infrarrojo también reduce la producción del cebo, pero puede resultar en hinchazón, enrojecimiento y dolor, los cuales son temporales. También puede causar sobrepigmentación en las personas de piel oscura y desgraciadamente este daño es permanente.

El costo del tratamiento láser está entre $20 000 y $40 000.

$$ Salón de belleza y maquillaje

Limpieza

La mayoría de los casos de acné leve responde adecuadamente a un régimen regular de limpieza, utilizando productos médicos para remover el exceso de aceite, suciedad y células muertas —una solución antibacterial con cierta capacidad de descamación de la piel removerá las células muertas de la piel ayudándola con el problema de los poros tapados.

Si el peróxido de benzoilo reacciona mal con tu piel, intenta ácido salicílico. Éste se obtiene de la corteza del sauce blanco y de las hojas de hierbabuena y en ambos casos es un agente antiséptico y descamador de piel.

Los productos del árbol del té también pueden ser muy útiles, ya que son antisépticos y antibacteriales. Límpiate dos veces al día, después aplica una crema que contenga sulfuro y finalmente un humectante ligero libre de aceite. Para reducir la apariencia del acné puedes utilizar un tonificante, el cual quita el aceite de la piel y la deja sin brillo. También puedes usar un maquillaje que quede bien con tu tono de piel, sólo ten cuidado de aplicarlo moderadamente, ya que si no empeorará tu condición.

Faciales

El realizarte faciales regularmente con un esteticista también puede mantener los poros limpios, sólo recuerda que esto es una extensión de tu rutina de limpieza diaria, no la sustituye.

$ Estilo de vida y remedios naturales

Combate el estrés

El estrés puede ser un detonante del acné —incluso el estrés positivo de empezar una relación—. A pesar de que no lo puedes eliminar del todo, sí puedes aprender a lidiar con él. Está fuera del objetivo de este libro el detallar cómo contrarrestar el estrés, sin embargo aquí te damos algunas sugerencias:

- Asegúrate de tener un sano equilibrio entre trabajo y vida social.
- Discute los problemas en el momento, no te los guardes.
- Trata de mejorar tu organización.
- Intenta tomar alguna clase como yoga, tai-chi o equilibrio del cuerpo. El equilibrio es bueno para estar en forma, pero también ayuda a mantener la mente alejada del estrés diario.

Ve con tu doctor

El acné puede ser provocado por cambios hormonales como la pubertad o el embarazo, por reacción a algún medicamento o cosmético. Ve con tu doctor si crees que tu acné está relacionado con problemas hormonales.

En algunas ocasiones el acné severo se trata con antibióticos que sólo puede prescribir tu médico. En este caso notarás una gran mejoría en un lapso de ocho semanas y los tratamientos pueden durar hasta seis meses.

Estos antibióticos pueden ser orales o tópicos y pueden provocar efectos secundarios como trastornos gastrointestinales. Si la inflamación no se puede controlar utilizando los medicamentos más adecuados, entonces tendrás que ser referido a un hospital con un especialista de la piel quien te dará un medicamento más fuerte. El Retin-A es efectivo en los tratamientos de acné, pregúntale a tu médico si eres apto para este método.

Dieta
Lleva una dieta rica en vitaminas A, C y E y toma ocho vasos de agua al día.

Evita
Si tu piel es sensible evita los productos muy perfumados o los que sabes que te irritan. También evita exprimirte los granitos aún con las manos limpias, ya que puedes producir más inflamación y cicatrices, que son un gran problema de belleza por sí solo.

Puntos negros

Un punto negro es un folículo que ha sido bloqueado por aceite (cebo) y/o células muertas de la piel. Los puntos negros también pueden ser el resultado de cambios hormonales (por ejemplo la pubertad o adolescencia) o el resultado de productos muy aceitosos (por ejemplo bloqueadores solares con base de aceite) que no se retiran bien por la noche. Al principio un punto negro es de una tonalidad amarilla que rápidamente se oxida y se vuelve negro. Ten cuidado porque los puntos negros son la primera etapa del acné. Un tratamiento equivocado o la ausencia del mismo podrían hacer que se infecten e inflamen los puntos negros y se conviertan en un problema mucho más serio.

$$$ Procedimientos cosméticos

El tratamiento láser puede ser utilizado para atacar tanto el acné como casos severos de puntos negros (ver página 38). Los piling químicos son una opción más agresiva (ver página 21). Finalmente existen salones y productos de belleza que podrían ser efectivos.

$$ Salón de belleza y maquillaje

Limpieza

Una limpieza de forma regular es la mejor manera de atacar lo puntos negros, así que invierte en un limpiador de calidad. Busca alguno que contenga peróxido de benzoilo (por su efecto de descamar y sus cualidades antisépticas) o alfa hidroxiácido (agente ideal para descamar la piel y remover las células muertas).

Antes de realizar la limpieza puedes ponerte en la cara un trapito que hayas sumergido en agua caliente para que te abra los poros y la limpieza sea más efectiva. Finalmente rocía tu cara con agua fría para cerrar los poros.

Removedores de puntos negros

Estos removedores de puntos negros son una buena opción y los puedes conseguir en las farmacias. Antes de usarlos debes esterilizarlos para prevenir infecciones. Colócalo con el lado curvo hacía abajo y ejerce cierta presión, si el punto negro no sale, no insistas, si no dañarás la piel. Si lo logras, entonces coloca un antiséptico o aceite del árbol del té para asegurarte de que el área esté libre de bacterias.

Las bandas para remover puntos negros son una opción muy segura y viable. No las utilices muy seguido, ya que pueden empeorar tu padecimiento.

Dermatólogo

Podría ser la mejor opción, haz una cita con un dermatólogo calificado y que te retire los puntos negros sin dolor e higiénicamente.

$ Estilo de vida y remedios naturales

Rutina de limpieza

Una buena rutina de limpieza es vital, esto no involucra productos caros. Aplícate en los puntos negros una solución de bicarbonato de sodio mezclado con agua y frótalo, o intenta con miel caliente dejándola por diez minutos, la miel tiene propiedades naturales para descamar la piel y además la nutre.

Resiste la necesidad de exprimirlos, te puedes dejar cicatrices.

Higiene

La limpieza generalizada es importante, trata de cambiar regularmente la funda de tu almohada y de lavar las esponjas para maquillar.

No utilices maquillaje que sea muy viejo. La base no se debe guardar por más de 12 meses.

Dieta

Si tomas mucha agua y comes mucha fruta fresca y vegetales podrás mantener tu piel limpia.

Puntos blancos

Los puntos blancos son causados por células muertas de la piel y restos sebáceos que se quedan atrapados debajo de la piel, algo parecido a los puntos negros. Éstos permanecen de color blanco amarillento porque no se oxidan. A pesar de tener un nombre benévolo, los puntos blancos son muy difíciles de sacar, ya que normalmente se ubican en zonas donde la piel es muy delgada y delicada, como a los lados de la nariz.

En ocasiones la milia se considera como puntos blancos pero ésta es mucho más difícil de desaparecer (ver página 87).

$$ Salón de belleza y maquillaje

Exfoliar, limpiar, humectar

El exfoliarte tres o cuatro veces a la semana puede cambiar drásticamente el problema de puntos blancos.

Si esto no funciona, entonces haz una cita para un facial profesional y comprométete a llevar un régimen exhaustivo de limpieza por las noches y a exfoliarte de forma regular; continúa con la aplicación de un humectante ligero libre de aceite.

No es recomendable exprimirse los puntos blancos, ya que se puede infectar la piel o crear cicatrices que después toman mucho tiempo para desvanecerse.

$ Estilo de vida y remedios naturales

Por favor revisa la sección de puntos negros en la página 41.

Piel seca

La piel seca o (xerosis) es una queja muy común y se caracteriza por una sensación de estiramiento en la piel (especialmente después de lavarla); la piel se ve tensa, se descama y tiene un aspecto desagradable. Si no se atiende puede terminar en arrugas, estrías, llagas e incluso en heridas abiertas.

La piel seca normalmente se experimenta en las piernas, brazos y cara, sus causas son variadas, por ejemplo: Disposición genética o poca actividad en las glándulas sebáceas. El invierno puede ser un problema para la piel seca, así como también el clima con poca humedad, ya que el aire seco absorbe la humectación de la piel sin piedad. Asimismo el verano puede ser dañino, ya que si te expones demasiado tiempo al sol puede resultar abrazador aunque estés utilizando bloqueador solar. Otras causas podrían ser el aire de los aviones, bañarte demasiado o utilizar jabones ásperos.

La piel seca es muy tratable, pero si los tratamientos convencionales no funcionan o empeoran tu condición, entonces podrías tener otra condición llamada eczema, dermatitis o psoriasis; en este caso debes acudir con tu médico general o dermatólogo.

$$ Salón de belleza y maquillaje

Limpiar, tonificar y humectar

La limpieza regular es esencial si no quieres que tu piel empiece a crear capas de células muertas, luzca gris y seca. Escoge un limpiador con pH neutro que se sienta cremoso y úsalo en las mañanas y en la noche antes de humectarte. Si utilizas tonificante, que no sea astringente y que no tenga alcohol. El agua de rosas es muy recomendable.

Continúa aplicando el humectante en capas delgadas y deja que tu piel lo absorba, si después de diez minutos sigues sintiendo la cara reseca aplícate otra capa. Esto te ayudará a no sobrecargar tu piel y a no obstruir los poros. Escoge un humectante que sea espeso y con una base de aceite; de preferencia aceite de borraja, ya que es particularmente nutritivo para la piel seca. Es importante que el humectante tenga protector solar (por lo menos de 15 FPS) y que te lo apliques generosamente aún en los días nublados.

Mascarilla hidratante

Las mascarillas hidratantes son ampliamente recomendadas y son muy útiles para súper hidratar tu cara. Puedes hacer tu propia mascarilla con un huevo, una cucharadita de miel, media cucharadita de aceite de oliva y unas gotas de agua de rosas; aplícala y déjala por diez minutos antes de retirarla con un algodón o con un trapito húmedo.

Para la piel seca del cuerpo, busca lociones especiales para este tipo de piel y masajéate con ella. El masaje es tan importante como el producto mismo, ya que estás activando la circulación, la cual mejora el tono muscular de la piel y la hidrata. Puedes conseguir emolientes en las farmacias y agregarlos en un baño de tina o puedes hacer uno tú misma con leche en polvo y algunas gotas de aceite de almendras.

Exfoliación

La exfoliación es muy importante, ya que desprende las células muertas de la piel dejándola fresca y brillante. Escoge un exfoliante suave líquido, con la característica para descamar la piel, úsalo cuando mucho dos veces por semana. Puedes intentar mezclar sal en grano y aceite de oliva, esto vigorizará la piel y la humectará.

$ Estilo de vida y remedios naturales

Bebe agua

Esto parece obvio, pero si tomas ocho vasos de agua al día mejorará el nivel de humectación de tu piel. De hecho, muchas de las personas que piensan que tienen la piel seca, simplemente tienen la piel deshidratada, así que el tomar agua podría terminar con tu problema.

Dieta

Comer alimentos que contengan mucha agua (frutas y vegetales crudos) te mantendrá hidratada. Evita los alimentos con mucha sal, como la comida procesada. Los aceites de pescado son recomendados por los dermatólogos, así que come de dos a tres porciones por semana. Si no te gustan los aceites de pescado busca algún suplemento con omega.

Evita...

El alcohol y la cafeína son diuréticos, así que elimínalos o consúmelos mínimamente.

El tomar un solo baño al día mejorará la piel seca, especialmente si son tibios en lugar de calientes y sólo duran 15 minutos o menos. Cuando te seques hazlo suavemente, en lugar de frotarte, y aplícate un poco de aceite de bebé en la piel mientras esté húmeda, esto ayudará a atrapar un poco de la humectación del baño, déjate el aceite por unos diez minutos y luego aplica tu crema para cuerpo cotidiana.

Agrega humedad

Puedes ayudar a la piel seca si colocas un humificador o un plato con agua sobre un radiador (esto pondrá cierta humedad en el aire).

Rosácea

La rosácea también se conoce como "La maldición de los celtas" esto porque generalmente afecta a los europeos del norte de piel blanca. Se caracteriza por un enrojecimiento en la tez, comezón y ardor. Con el tiempo se puede desarrollar la telangiectasia (condición en la cual los vasos sanguíneos justo debajo de la piel se vuelven visibles). También pueden aparecer pequeños granos blancos y amarillos que se pueden convertir en pústulas si no se atienden. Los ojos se pueden resecar, doler y hasta infectarse. En casos extremos esto puede llegar a provocar una infección de córnea.

Otra condición extrema en la que puede terminar la rosácea es la rinofima, aquí la piel de la nariz se vuelve muy gruesa, con bolas y de color rojizo, da la apariencia de las personas que beben en exceso.

Se piensa que una de cada diez personas es afectada por la rosácea y que dos terceras partes del total son mujeres entre 30 y 60 años. Las causas exactas de la rosácea se desconocen, así que es muy difícil prevenir los ataques.

$$$ Procedimientos cosméticos

Terapia láser

La terapia láser puede ser una solución para la telangiectasia. Se pueden utilizar ya sea láser dermatológico vascular o láser de luz pulsada intensa, el objetivo de éstos es la capa de piel inmediata a la epidermis. Estos láser trabajan destruyendo las paredes capilares, causando que el cuerpo las reabsorba. El tratamiento de láser debe reducir la coloración rojiza causada por los visibles vasos sanguíneos, aunque una vez terminado el tratamiento es posible que en el futuro vuelva a aparecer.

Cada sesión de 15 a 20 minutos debe costar alrededor de $6000.

Dermoabrasión y láser regenerador

Para la rinofima existen dos opciones —dermoabrasión y láser regenerador. La dermoabrasión remueve las primeras capas de la piel, utilizando un dermoabrasador que desprende la piel porosa, los empedrados y la coloración. La dermoabrasión funciona creando heridas en la piel que después van a sanar y a generar piel nueva. El procedimiento requiere anestesia local y en algunas ocasiones un aerosol frío (criogénico) para darle firmeza a la piel antes del tratamiento. Si la abrasión va a ser muy profunda entonces se necesitará anestesia general.

Después del procedimiento comenzará a salir piel nueva, esto tomará de seis a doce semanas para que desaparezca el tono rosado y se desarrolle un tono más natural.

El dolor y la hinchazón son efectos secundarios muy comunes. Para evitar cualquier infección hay que mantener la piel extremadamente limpia y los vendajes se deben cambiar regularmente para mantener la heridas húmedas; aún después de sanar se debe evitar el sol.

La dermoabrasión cuesta alrededor de $20 000.

El láser regenerativo es la otra opción viable y normalmente requiere anestesia local. El láser CO_2 es el más utilizado para la rinofima. La ventaja de este láser es que es muy preciso y trabaja destruyendo las delgadas capas de la piel. Probablemente se recomiende el uso de lentes para proteger los ojos. De igual forma la piel se pondrá rosada después del procedimiento y una buena higiene es esencial para evitar infecciones.

Los costos pueden varias desde $10 000 hasta $60 000.

$$ Salón de belleza y maquillaje

Protector solar

Las personas que padecen rosácea deberán buscar productos hipoalergénicos e invertir en un bloqueador solar sin fragancia con un FPS mínimo de 30.

Maquillaje

La rosácea se puede disimular muy bien con un buen maquillaje; siempre utiliza uno libre de aceite y evita los cosméticos a prueba de agua. La Cruz Roja, en algunas ocasiones, da pláticas acerca de cómo camuflajear (o camuflar) con el maquillaje, puedes acceder a ellas a través de la Cruz Roja local o vía un hospital o clínica.

$ Estilo de vida y remedios naturales

Si las pústulas son tu problema, entonces tu médico de cabecera podrá recetarte antibióticos orales o tópicos. La mejoría será aparente en un lapso de seis a doce semanas. Es probable que las pústulas vuelvan a aparecer una vez que dejes el antibiótico, esto significa que tendrás que tomar un segundo tratamiento o incluso tendrás que tomarlo de forma semipermanente.

Un antibiótico alternativo puede ser el ácido azelaico que se puede aplicar de forma tópica. De cualquier manera, éste puede volver la piel muy reseca y escamosa o con mucha comezón.

Evita

Ya que las causas se desconocen, se ha encontrado que la rosácea puede detonarse con ciertas bebidas o condiciones atmosféricas, algunas son: frío, calor, alcohol (especialmente vino tinto), comida condimentada y cafeína. La Sociedad Nacional de Rosácea recomienda que se lleve un diario de la alimentación para poder detectar el detonante y así eliminarlo de tu dieta.

El calor o frío extremo (o alternar entre los dos) pueden ser otro detonante, así como el viento helado y la exposición al sol. Es bueno evitar climas extremos.

Los hombres han encontrado que es una buena opción cambiar de un rastrillo a una rasuradora eléctrica.

Las cremas con esteroides son otro posible detonante y se deben evitar. Si sientes que el tratamiento que te dieron para la rosácea la ha exacerbado habla con tu médico para buscar otra alternativa.

Los limpiadores que contienen alcohol o acetona también se deben evitar, de la misma manera que los exfoliantes fuertes y los productos con mucha fragancia.

Venas varicosas o víbices

Las venas varicosas —también conocidas como víbices, arañas varicosas o venas reventadas— son las pequeñas venas que a veces aparecen en la barbilla, nariz, piernas y en el cuerpo. De hecho el término "venas reventadas" es un nombre equivocado, ya que las venas no están rotas completamente —más bien las paredes capilares se han debilitado y entonces la sangre es visible a través de ellas—. Las venas son aún más visibles en la piel delgada de las personas adultas.

Las causas son varias e incluyen disposición genética, demasiada exposición al sol, embarazo, una elevación del estrógeno u hormona femenina (terapia de remplazo de hormona), pastillas anticonceptivas y el uso de cremas con esteroides.

Las mujeres de edad media son las más vulnerables. Como en la rosácea existen algunos detonantes, así que es bueno disminuir la cantidad de alcohol, cafeína, comida condimentada y también hay que llevar un diario de la alimentación para identificar la causa. En la mayoría de los casos el maquillaje cubrirá las venas varicosas, pero existen tratamientos para desafiar el problema de raíz.

$$$ Procedimientos cosméticos

Existen dos tratamientos para este mal —terapia con láser y microescleroterapia.

Microscleroterapia

La microescleroterapia es recomendada para tratar las venas varicosas de las piernas.

El procedimiento (que toma de 30 minutos a una hora) se lleva a cabo inyectando una solución irritante en las venas con problemas. Esto hace que se colapsen. El cuerpo se encarga de estas venas colapsadas como tejido muerto y lo reabsorbe. Es importante que el practicante inyecte con mucha precisión, ya que la solución inyectada erróneamente podría causar irritación y decoloración.

Las actividades normales como manejar se pueden llevar a cabo inmediatamente. Se recomienda utilizar medias de soporte durante una semana después del tratamiento.

La hinchazón y las marcas como pecas de las inyecciones son efectos secundarios comunes y deben durar poco tiempo.

Algunas venas tratadas se pueden poner negras, pero esto deberá desvanecerse en tres semanas y desaparecer por completo en tres meses.

Podrías llegar a necesitar hasta cinco tratamientos para erradicar las venas varicosas. Debes de saber que a pesar de que el tratamiento destruye por completo la existencia de las venas, esto no te previene de desarrollar nuevas várices en otro lugar, especialmente si tienes predisposición a ellas.

El costo está en un rango entre $3000 y $ 5000 por sesión.

Tratamiento láser

El tratamiento láser destruye las venas bajo la piel, utilizando luz pulsada y es recomendable para tratar las venas de la cara. Los efectos secundarios incluyen moretones, cambios en la textura de la piel y pequeñas cicatrices.

Un tercer tratamiento es el Photoderm o luz pulsada de alta intensidad, aquí una luz pulsada va directo a la sección de la cara (de 2 mm a 0.5 mm) causando que las venas se coagulen y desaparezcan. Es un procedimiento más o menos doloroso, algo como golpecitos en la cara. Los efectos secundarios pueden incluir enrojecimiento e hinchazón.

El costo va desde $3000.

$$ Salón de belleza y maquillaje

Corrector

Cuando se trata de víbices el corrector es tu mejor aliado, así que escoge uno de buena calidad y que vaya con tu tono de piel. Aplícalo con palmaditas en lugar de frotarlo y hazlo antes del maquillaje base.

Falso bronceado

El falso bronceado es otra forma de disfrazar las arañas varicosas. (No confundas esto con las camas de bronceado que pueden exacerbar tu condición). Tómate el tiempo de exfoliarte la piel antes de aplicarte la crema bronceadora para evitar efectos rayados; si puedes mejor acude con un cosmetólogo a que él te lo aplique.

Castaño de indias

Considera invertir en una crema que contenga castaño de indias, ya que se sabe que da muy buenos resultados en el tratamiento de arañas varicosas o várices. El castaño de indias es un fortificante capilar, pero se debe usar por un largo periodo —no obtendrás resultados inmediatos.

$ Estilo de vida y remedios naturales

Evita

Si tu problema de venas varicosas está en las piernas, evita estar parada por mucho tiempo y cuando te sientes trata de elevar las piernas. Procura elevarlas 20 minutos al día.

Masaje

El masajearte las piernas y la cara ayuda a mantener la sangre en circulación y a prevenir que las venas se vuelvan débiles.

Cicatrices

La formación de cicatrices después de una herida es una parte esencial del proceso de curación. A pesar de esto, cuando la cicatriz es visible, incómoda, fea o dificulta los movimientos, seguro quisieras desaparecerla. La mayoría de las cicatrices se van desvaneciendo con el tiempo hasta volverse casi invisibles, aunque algunas no lo hacen.

En ciertas ocasiones la herida se "sobre mejora" a través de una súper producción de colágeno, lo que resulta en cicatrices con volumen y de un pésimo aspecto.

Las cicatrices hipertróficas son causadas por este proceso y quedan dentro de los límites de la herida porque dejan de producir colágeno una vez que la herida sanó. Normalmente desaparecen con el tiempo, pero existen ciertos procedimientos y tratamientos que pueden acelerar el proceso y desvanecerlas mejor.

Los queloides son también el resultado de mucho colágeno, sólo que en este caso se sigue produciendo colágeno mucho tiempo después de que la herida sanó y eventualmente invade la piel de alrededor (se sale de los límites de la herida). Normalmente tienen volumen, son rosas o morados, pueden ser dolorosos y dan comezón. Los queloides aparecen sobretodo en la espalda, pecho y brazos, es muy raro en la cara. El tratamiento podría resultar estresante y problemático.

Las cicatrices planas causadas por el acné son un problema menor, aunque todo es relativo y podrían resultar muy estresantes. Este tipo de cicatrices es tratable con cirugía y con métodos no invasivos. Cabe mencionar que una buena salud y un buen cuidado de las heridas prevendrán en primer lugar cualquier cicatriz. Por supuesto que cada persona cicatriza diferente y esto se puede deber a la edad, genética, color de piel y a la naturaleza de la herida. Sin embargo, pregúntale a tu médico si es necesario suturar (esto mantiene la herida cerrada y la minimiza) y mantenla humectada, así el daño será mínimo (las

heridas que están secas cicatrizan mejor que las húmedas). El bloqueador solar es otro requisito, ya que los rayos UV interfieren con el proceso de cicatrización y
causan más pigmentación.

$$$ Procedimientos cosméticos

Cirugía de modificación

El realizar una cirugía en una cicatriz la puede empeorar,
así que ve con precaución. La cirugía de modificación es
recomendada para cicatrices con volumen como los queloides y en este proceso se remueve la cicatriz, normalmente
es bajo anestesia general y luego se cose. Siendo optimis-
tas se logrará una cicatriz plana y más sutil. Sin embargo,
es posible que el cuerpo reproduzca el proceso que causó
la cicatriz original y podría resultar en una mayor.

Crioterapia

La crioterapia utiliza nitrógeno líquido para congelar los
queloides. El nitrógeno se deja en el lugar a tratar por periodos de 10 a 15 segundos, causando que las células
mueran. A pesar de ser un procedimiento simple y seguro, la crioterapia puede ser dolorosa y en ocasiones puede causar una pigmentación mayor en la piel.

Los costos van desde $2000 o tal vez menos.

Inyecciones de cortisona

Otro plan de acción es anticipar e interrumpir la formación de cicatrices con volumen, especialmente si has de-

sarrollado un queloide en tu vida. Por ejemplo, las micro inyecciones de cortisona pueden interrumpir el proceso de sobreproducción de colágeno y asegurar una mínima cicatriz. Este procedimiento es sin dolor y seguro, ya que pequeñas dosis de cortisona entran en el torrente sanguíneo. Sin embargo, ya que esto está estimulando la producción de glóbulos rojos, el sitio se puede enrojecer y estar más sensible de lo normal.

Dermoabrasión

La dermoabrasión también puede ser efectiva para remover el tejido de las cicatrices con volumen (ver página 30 y 50). Para las cicatrices que están hacia adentro, las inyecciones de colágeno las sacarán hasta el nivel natural de la piel, sólo que los efectos durarán poco tiempo —cerca de cuatro meses.

La dermoabrasión cuesta alrededor de $3000 por inyección.

Tratamiento láser

El tratamiento láser que está enfocado al tejido de la piel subyacente puede promover la producción de colágeno, lo malo es que se pueden necesitar hasta seis tratamientos para que sea efectivo. Ésta puede ser una solución efectiva y de largo plazo para las cicatrices que están hacia adentro, sobre todo si se combina con la microdermoabrasión (ver página 30 y 50), este procedimiento es doloroso y puede requerir hasta dos semanas de recuperación.

El tratamiento completo cuesta alrededor de $6000.

$$ Salón de belleza y maquillaje

Gel de silicón

Las cremas y los geles pueden ayudar a desvanecer las cicatrices. El silicón es el ingrediente a buscar, ya que juega un papel clave en la sanación de las cicatrices. Los geles con silicón son efectivos y también las láminas de silicón, las cuales se pueden reutilizar por periodos prolongados y no sólo ayudan a desvanecer, sino también a alisar la cicatriz. Utilizar aplicaciones de silicón de dos a cuatro meses puede hacer una gran diferencia.

Vendajes

Los vendajes normalmente se utilizan en áreas muy grandes dañadas por quemaduras y también pueden ayudar a alisar las cicatrices. Se deben estar utilizando durante un año y pueden ser muy incómodos en climas cálidos. Son efectivos y sin riesgos.

Gel Maderma (MR)

El gel Maderma es un producto patentado que contiene extracto de cebolla y puede ayuda a reducir la formación del tejido de la cicatriz.

Aceite Bio Oil (MR)

El aceite Bio Oil es una marca registrada y está formulado para ayudar a desvanecer las cicatrices y estrías. Se afirma que puede mejorar la apariencia de cicatrices viejas; en dictámenes clínicos se ha demostrado que

es efectivo en el 65% de sus consumidores. Es especialmente bueno para igualar el tono de la piel. El aceite está
hecho de Aceite PurCellin$^{(MR)}$, vitamina A, vitamina E,
caléndula, lavanda, romero y aceites esenciales de man-
zanilla.

Encubridores de piel

Los encubridores de piel son herramientas muy útiles;
son más fáciles de adherir los secos que los aceitosos.
Para las áreas muy grandes utiliza un maquillaje correc-
tivo, asegurándote de que combine con tu tono de piel y
de que se adhiera bien al tejido de la cicatriz.

$ Estilo de vida y remedios naturales

Consulta a tu médico de cabecera

Las cremas con base de hidroquinona (disponibles sólo
con prescripción médica) también pueden ayudar a reducir la apariencia de las cicatrices, aunque los efectos
laterales pueden ser enrojecimiento, picazón e incremento de la sensibilidad al sol.

Masaje

Como se ha mencionado el buen cuidado de las heridas y
una buena salud son esenciales. El masaje ayudará a romper el colágeno de las cicatrices con volumen, sólo que
esto se deberá hacer suave y regularmente y una vez
que se haya formado el tejido de la cicatriz, de otra forma
se corre el riesgo de volver a abrir la herida.

Agua salada

El agua salada ha sido recomendada desde hace mucho tiempo como promotora en la sanación de la piel. Ya que puede hacer daño se recomienda no exponer la piel al sol mientras se esté en el tratamiento.

Vitamina E

A menudo la vitamina E es citada como un gran ingrediente para toda la piel, así que si no te la puedes aplicar tómatela o cómetela y te ayudará a mantener tu piel sana.

Extracto de regaliz

El extracto de regaliz es otro ingrediente muy útil, ya que es un aclarador de piel.

Daños solares

Érase una vez en que el sol era considerado el mejor tratamiento de belleza. La "gente bella" siempre lucía bronceada. Sin embargo, a partir de los años 70 hemos aprendido el gran deterioro que causa la exposición a los rayos UV. De hecho, todos los signos que asociamos con el envejecimiento (arrugas y piel flácida) podrían ser únicamente causados por los daños del sol o foto envejecimiento.

Los daños solares no son sólo para aquellos que se broncean regularmente, o se la pasan en camas de bronceado.

Los problemas mayormente asociados con el sol son las líneas de expresión, piel flácida, pecas y una tonalidad amarillenta; también podrían agrandarse los poros.

La queratosis solar o actínica es un problema más serio con el cual se altera el tamaño, textura, forma y estructura de las células de la piel, dando como resultado lesiones costrosas de hasta 2.5 cm. Estas lesiones podrían ser café claro u oscuro, rosas, rojas o simplemente del color de la piel en donde generalmente se detectan por el tacto, ya que comienzan a crecer y tienen una textura rasposa y probablemente una costra en la parte superior. Se podría sentir un hormigueo y comezón y la mayoría de las veces sucede en los brazos, cara, manos y hombros —las áreas más expuestas al sol.

Si sospechas que sufres de queratosis debes consultar a tu médico, ya que uno de cada diez casos se puede volver canceroso y mientras más pronto se detecte será mejor el diagnóstico.

Aunque esto puede sonar alarmante y sentirse incómodo, la queratosis suele desaparecer por sí sola en un periodo de uno a dos años siempre y cuando mantengas la piel alejada del sol. Si en este tiempo cambia de forma y tamaño o si se hace más sensible es importante que busques a tu médico.

Los tratamientos para los daños solares se perfeccionan todos los días, pero la mejor cura es la prevención y no es exagerada la importancia del uso del bloqueador solar desde la infancia.

$$$ Procedimientos cosméticos

La queratosis se puede tratar de muchas formas.

Crioterapia

La crioterapia (como se describe en la página 58) congelará las lesiones y el sitio quedará con ampollas y costras, se espera que resulte una piel sin cicatrices. Las lesiones también se pueden retirar quirúrgicamente y se cose la herida, aunque normalmente esto no se recomienda a menos que sea imprescindible. La cauterización es otra opción en donde la lesión se saca, utilizando una cuchara quirúrgica y luego el sitio se cauteriza. Esto es mucho más sencillo que la cirugía, aunque dejará pequeñas cicatrices hacia adentro.

Los costos van desde $1000.

Aplicaciones tópicas

Las aplicaciones tópicas son menos invasivas, aunque no están libres de complicaciones. Tu médico deberá recetarte un gel o una crema que contenga el medicamento antiinflamatorio Diclofenaco, el cual normalmente comienza a ser efectivo después de tres meses de uso. El medicamento Fluorouracil mata las células anormales, permitiendo que crezcan nuevas en su lugar. A pesar de que el tratamiento completo sólo dura cuatro semanas a menudo causa ampollas e inflamación.

Abrasión con láser

Para daños más generales del sol, la abrasión con láser es una opción muy popular. Aquí un láser Erbium Yag remueve la piel, literalmente vaporizándola, para permitir que crezca piel nueva y saludable. Este proceso puede ser doloroso y requiere de mucho tiempo para la recuperación, ya que la piel está enrojecida y sensible. También pueden resultar daños en la pigmentación de la piel.

Láser no ablativo

El láser no ablativo es menos riesgoso y tiene menos efectos colaterales, ya que su objetivo es el tejido subyacente para estimular el colágeno y de esta manera ayudar a renovar la piel por sí misma.

Los tratamientos de láser van desde $13 000 por sesión, aunque existen paquetes de varias sesiones.

$ Salón de belleza y maquillaje

Los productos que contengan alfa hidroxiácidos (AHAs) o ácido glicólico, los cuales tienen propiedades para descamar la piel, pueden ser utilizados para rejuvenecer la piel que ha envejecido prematuramente por el sol, dejándola más suave y con una mejor complexión. Después de utilizar estos productos hay que cubrir muy bien la piel, ya que queda extremadamente sensible al sol (ver página 23).

Vitamina C

La vitamina C es un ingrediente muy utilizado en humectantes y otros productos para la piel, ya que estimula la habilidad de la piel para regenerase ella misma y a deshacerse de las células muertas.

Retin-A o Tretinoína

La tretinoína (disponible sólo con prescripción médica) puede engrosar la piel adelgazada por la exposición a los rayos UV. También puede reducir la pigmentación inhibiendo la producción de melanina. Sólo funciona usándola por periodos largos, así que sé persistente.

Tazaroteno

El tazaroteno (generalmente usado para la psoriasis) es otro agente muy efectivo contra los daños causados por el sol.

Tónico astringente

Para ayudar a cerrar los poros invierte en un buen tónico astringente y úsalo después de la limpieza y antes de la humectación.

Protector solar

Por último consigue un buen protector solar y úsalo todos los días sin importar el clima.

$ Estilo de vida y remedios naturales

Evita...

Si quieres prevenir o minimizar los daños por el sol tienes que evitar la exposición directa al sol. Cúbrete lo que puedas con ropa y lo que no, con protector solar mínimo de 15 FPS. Trata de evitar el sol entre las 11 de la mañana y 3 de la tarde, quédate en la sombra.

Dieta

Ya lo hemos dicho antes pero lo repetiremos. Una buena dieta llena de frutas frescas, vegetales y agua ayudarán enormemente a tu piel. No olvides la humectación.

Preparaciones naturales

Para cerrar los poros humedece tu cara con agua fría por las mañanas y las noches. También puedes utilizar en el rostro una solución de pepino, agua de rosas y algunas gotas frías de olmo escocés después de la limpieza.

Las claras de huevo en mascarilla son muy buenas para cerrar los poros, aplícatela y deja que se seque.

Una mascarilla de pasta de almendras —se hace pulverizando las almendras peladas y añadiendo agua de rosas— ayuda a mejorar la elasticidad de la piel.

Dormir

El dormir bien estimulará la habilidad de tu piel para hacer crecer piel nueva y células saludables.

Estrías

Las estrías, como lo dice su nombre, son causadas por un estiramiento excesivo de la piel, hasta tal punto que pierde su habilidad para cerrarse de nuevo en su forma original. Esto es porque los tejidos subyacentes se debilitan causando que algunas capas de la piel se separen. La estrías comienzan siendo surcos rojos, cafés o morados que después gradualmente se van convirtiendo en blanco-plateados mientras se curan. Este proceso de sanación termina con una súper producción de colágeno que provoca que se formen cicatrices con volumen.

Las estrías son muy comunes en las caderas, pechos, glúteos, muslos, abdomen y brazos. Las personas de piel seca parecen ser mucho más propensas que aquellas con una piel humectada o grasosa. Las estrías pueden aparecer como resultado del embarazo, pubertad, cambio de peso (subir o bajar) y cualquier evento de crecimiento repentino.

Otras causas incluyen el abuso de esteroides y el síndrome de Cushing. La edad, masa muscular, genética y color de piel juegan un papel determinante en cuán severas serán las marcas, pero existen varios tratamientos para mitigar su desarrollo y reducir su apariencia.

$$$ Procedimientos cosméticos

La cirugía no es recomendable para las estrías, a menudo sólo se remplazan las antiguas estrías por nuevas.

Tratamiento láser

El tratamiento con láser es el favorito, aunque sólo es efectivo con las estrías nuevas, no con las que ya están desvanecidas.

La terapia con láser fraccional involucra un láser muy fino que crea una serie de heridas microscópicas en la piel, dejando un espacio saludable entre ellas. Este espacio saludable ayuda a que las heridas sanen sobre las otras con células nuevas y saludables en la piel. Éste puede ser un procedimiento desagradable más que doloroso y requiere de muchas sesiones.

El láser de colorante pulsado tiene como objetivo los tejidos subyacentes, haciendo que los vasos sanguíneos se sellen reduciendo así la tonalidad rojiza de la estría nueva y acelerando el proceso de desvanecimiento. Las marcas desaparecerán después de un periodo largo. Varias sesiones serán necesarias y las mejoras se empezarán a notar después de 6 meses.

Los costos van desde $15 000 por sesión, es probable que existan descuentos en paquetes por varias sesiones.

Endermología

La endermología es un tratamiento francés no invasivo que generalmente se utiliza para tratar la celulitis y tiene cierto éxito con las estrías. La piel se masajea con rodillos que ayudan a redistribuir el tejido grasoso. Los rodillos también tienen la acción de succionar, lo cual afirman ayuda a mejorar la circulación hasta en un 200 por ciento. El procedimiento funciona estirando y fortaleciendo el tejido conjuntivo, dando como resultado una piel más suave. Este proceso puede ser muy vigorizante y normalmente se les pide a los pacientes utilizar una media en todo el cuerpo antes del tratamiento con los rodillos. Se necesitan varias sesiones y tienen una duración de 30 a 45 minutos.

Las sesiones cuestan alrededor de $1000.

Microdermoabrasión

La microdermoabrasión (ver página 30) puede ayudar a darle a la piel una apariencia más suave y puede resultar en el tratamiento de estrías, especialmente si se combina con productos como el El Retin-A o Tretinoína.

$$ Salón de belleza y maquillaje

Humectación

La palabra clave para las estrías es "prevención", así que si eres vulnerable comienza a humectarte ahora —hasta tres veces al día—. Busca productos con vitaminas A y C (vitaminas para la piel), germen de trigo, manteca de cacao (ingrediente utilizado para las cicatrices), aceite de semillas de uva y jojoba.

Las cremas para la piel disminuirán la comezón por las estrías y ayudarán a reducir la severidad; no las previenen.

Tretinoína (Retin A)

La tretinoína conocida como Retin-A (disponible sólo con prescripción médica) puede ser efectiva en algunas ocasiones, siempre y cuando las estrías sean recientes. No se debe utilizar durante el embarazo o la lactancia, podría dañar severamente al bebé. La tretinoína adelgaza la piel, estimulando el crecimiento de nueva piel.

Ácidos alfa-hidróxidos

Los ácidos alfa-hidróxidos también pueden ser efectivos, ya que en esencia queman las células viejas de la piel estimulando la producción de nuevas.

$ Estilo de vida y remedios naturales

Masaje

El masaje puede funcionar sobre las estrías, ya que trabaja como una sesión de endermología de bajo perfil (ver página 69); debe ser realizado regularmente para que los resultados sean evidentes. Muchos expertos opinan que el masaje es más importante incluso que la crema que se utiliza, así que no te desanimes si tu presupuesto sólo alcanza para humectantes económicos.

Dieta

La dieta es fundamental, mantén un peso adecuado, toma mucha agua y come alimentos que contengan vitamina A, C y sílice, pues ayudan en la producción de colágeno.

Exceso de piel

¡Felicidades has perdido 7 kilos!

¡Y mis condolencias! Tu piel todavía no se ha enterado.

La peor de las consecuencias de perder peso puede ser la piel suelta que queda. No sólo es un exceso de piel fea y a veces incómoda —en ocasiones puede ser la fuente de un problema menor, pero irritante de salud, porque entre esos pliegues se pueden desarrollar hongos que causan comezón y lesionan la piel.

Un embarazo muy pesado te puede dejar exceso de piel y esto se puede agravar si se tiene una cesárea, ya que la pared muscular del abdomen ha sido cortada, haciendo con esto mucho más difícil que se tense y reafirme. Generalmente con el tiempo —tal vez dos años— la piel flácida se reafirma, pero sólo si mantienes un peso y te ejercitas regularmente. Tanto el tipo de piel, como la edad, juegan un papel importante.

$$$ Procedimientos cosméticos

A menudo la gente considera que la cirugía es lo mejor para el exceso de piel. Sin embargo, existen varias posibilidades que debes considerar, sólo que tienes que mantener un mismo peso durante dos años para que sean opción. Las mujeres que planean embarazarse deben esperar para esto, ya que los efectos de la cirugía desbaratarían lo alcanzado.

Abdominoplastia o lipectomía

La abdominoplastia o lipectomía es la opción más común para retirar el exceso de piel. Ésta es una operación mayor conducida con anestesia general y puede tomar de dos a cuatro horas.

El cirujano comienza haciendo una incisión en la línea del bikini, justo arriba del pubis, que normalmente se extiende de lado a lado. El ombligo se corta y se deja a un lado para luego volver a acomodarlo al final de la operación.

La piel se jala hacia abajo, a la línea de la incisión, el exceso de piel se corta (lo cual desaparece las estrías) y se cose la herida. Entonces el ombligo se pone en su lugar.

Probablemente se pondrán tubos para drenar el exceso de fluidos y se retirarán varios días después. El resultado será un abdomen más firme y suave, también se reducirá la cintura. Esto pude durar por una década si se cuida bien el cuerpo.

La lipectomía es lo mismo que cualquier otra operación mayor. En la lipectomía las pacientes requieren de dos a tres noches en el hospital, aunque hay que levantarse a caminar lo más pronto posible después del procedimiento para evitar una coagulación. El dolor e incomodidad después de la operación son casi inevitables, aunque sean tratados apropiadamente y durarán por algunos días. Se puede regresar a trabajar en un lapso de dos a cuatro semanas, aunque se debe esperar un poco antes de regresar al ejercicio vigoroso, tomará de nueve meses a un año para que desaparezca la (discreta) cicatriz.

Este procedimiento cuesta hasta $120 000.

Lipectomía endoscópica

Un procedimiento menos invasivo es la lipectomía endoscópica. Aquí se realizan una serie de pequeñas incisiones, en lugar de una grande, y se inserta una cámara que le permite al cirujano enderezar los músculos verticales y tensarlos antes de sellar las incisiones.

Levantamiento de la parte inferior del cuerpo

El levantamiento de la parte baja del cuerpo es algo más serio que una lipectomía, esto incluye un levantamiento del área abdominal, como se describe antes, de glúteos y muslos. El levantamiento de muslos requiere de incisiones arriba, adentro y afuera de los muslos, seguido de una liposucción del exceso de grasa y estiramiento de la piel de los muslos y glúteos hacia arriba, en dirección de la incisión. Se corta el exceso de piel y se cose la herida. Esta operación puede tomar de seis a siete horas y no es recomendable para personas con problemas cardiacos. Sin embargo, si la operación es exitosa los resultados son remarcables.

Como se espera, la recuperación toma más tiempo que la abdominoplastia debido a la cantidad de incisiones y el tiempo de la cirugía. El descanso, moverse con cuidado y un excelente seguimiento son necesarios. Estate preparada para el dolor, incomodidad y adormecimiento en ciertas áreas hasta que los nervios se recuperen.

Pueden existir ciertas cicatrices que se irán desvaneciendo con el tiempo.

Este procedimiento puede costar hasta $250 000.

$$ Salón de belleza y maquillaje

Si no puedes operarte el estómago, entonces prepárate para un largo trayecto. Se dice que si te apegas a estas recomendaciones los resultados pueden ser sorprendentes.

Exfoliación
La exfoliación diaria es muy recomendable, esto te permitirá deshacerte de las células muertas y propiciar que la piel se repare a sí misma y se tense.

Cremas reafirmantes

Las cremas reafirmantes son una buena opción, pero hay que ser muy perseverante. Los ingredientes que debes buscar que incluyan son ácido hialurónico (el cual estimula la producción de colágeno y fibras, incrementando la elasticidad de la piel) y fibrilina (una proteína asociada con la producción de colágeno). También busca que tengan antioxidantes, los cuales reducen los daños por los radicales libres; los puedes encontrar en las vitaminas A, C y E y a menudo en pequeñas cápsulas con aceite.

$ Estilo de vida y remedios naturales

Ejercicio

Mantener el peso es clave, así como el ejercicio regular, sobre todo si es dirigido a las áreas con problemas. Si es posible, utiliza los servicios de un entrenador personal, por lo menos al principio. Un profesional puede detectar dónde están los problemas y crear un régimen de ejercicios específicamente para ti.

Pecas y machas por la edad

Las pecas son pequeñas manchas de color oscuro que aparecen después de exponerte al sol. Son mucho más comunes en las personas con cabello rubio, pelirrojas, de piel clara y ojos azules. Un niño con pecas las tiene simplemente porque ha estado expuesto a los rayos UV más de lo que su piel puede hacer frente. Las pecas son causadas por una sobreproducción de melanina, el agente de pigmentación en la piel, que se produce cuando el cuerpo necesita protección del sol.

Las manchas por la edad son la versión envejecida de las pecas y generalmente aparecen después de los 55 años. También se les conoce como léntigos seniles y aparecen frecuentemente en la cara y manos, en donde la piel es más delgada y está más expuesta al sol. La manchas por la edad no tienen nada que ver con el hígado, normalmente son pequeñas pecas con una tonalidad café, sólo que en ocasiones pueden ser marrón rojizas del color del hígado. El tamaño de las pecas puede ser de hasta 2.5 cm en su diámetro; es muy raro que puedan ser cancerosas, pero las manchas por la edad están bien definidas, así que cualquier cambio en forma, tamaño o color debes revisarte con tu médico, especialmente si tienes historial familiar de melanoma maligno. Por supuesto que el mejor tratamiento es la prevención, así que si tienes tendencia a las pecas y las manchas por la edad ya están saliendo, utiliza bloqueador solar y evita el sol en las horas pico que son de 11:00 a 15:00 hrs.

$$$ Procedimientos cosméticos

Microdermoabrasión
Para las pecas un tratamiento para renovar la piel como la microdermoabrasión puede representar grandes mejorías, aunque probablemente se necesiten varias sesiones.

Los costos por sesión van desde $1000.

Piling químico

El piling químico es otra buena opción, aunque es vital que te cubras del sol después de que te lo realicen, ya que la piel se vuelve especialmente fotosensible (ver páginas 21-22).

Los costos pueden ir desde $1100 hasta $30 000, dependiendo del daño.

Crioterapia

Para tratar las manchas de la edad la crioterapia puede ser efectiva (se utiliza nitrógeno líquido para congelar el problema), sólo que puede ser incómoda y dolorosa, y además se corre el riesgo de que deje cicatrices permanentes.

Los precios van desde $1000.

Tratamiento láser

El tratamiento con láser es menos invasivo, menos doloroso y menos riesgoso en lo que se refiere a las cicatrices.

El costo va desde $10 000.

$$ Salón de belleza y maquillaje

Existe una gran variedad de cremas que podrían ser efectivas, sin embargo si alguno de estos productos te causa comezón o irritación déjalo de usar de inmediato, ya que evidentemente es muy fuerte para tu tipo de piel. Consulta a tu doctor.

Crema blanqueadora o crema para desvanecer manchas

Las cremas blanqueadoras y las cremas para desvanecer manchas, son muy efectivas tanto para las pecas como para las manchas por la edad. El ingrediente clave es la hidroquinona. Ésta funciona bloqueando la producción de melanina en el área del problema, causando que la mancha vaya desapareciendo con el tiempo. La hidroquinona sólo se recomienda para pieles claras, mientras que el ácido kójico se recomienda para todo tipo de piel; es muy sutil, ya que deriva de una planta. Éste también funciona bloqueando la producción de melanina, causando un desvanecimiento gradual de la pigmentación.

Ácidos alfa-hidróxidos

Los ácidos alfa-hidróxidos o AHAs (en forma de gel) son una opción más agresiva, producen un blanqueamiento significativo después de varias semanas de utilizarlos, ya sea por el día o por la noche. (Ver página 23)

Retin-A o Tretinoína

Sólo bajo prescripción médica el Retin-A o tretinoína aclara las manchas grandes y reduce las pequeñas hasta casi desaparecerlas. (Ver página 23)

Maquillaje

Si es que todo lo demás falla, siempre lo puedes cubrir con un buen maquillaje de base. Asesórate con un experto en maquillaje para que te ayude a escoger el tono que vaya mejor con tu tono de piel para evitar que parezca una máscara. Estos maquillajes también se pueden utilizar en el cuerpo y manos.

$ Estilo de vida y remedios naturales

Evita el sol

El mejor consejo es evitar el sol. Invierte en un buen bloqueador solar, un sombrero y mangas largas para pasar el verano, recuerda también cubrirte en el invierno, aunque el clima esté frío, ya que el sol puede estar fuerte.

Jugo de limón

Aplicarte jugo de limón en las pecas y manchas por la edad puede hacer una diferencia significativa. Las rebanadas de otras frutas ácidas también pueden dar buenos resultados.

Celulitis

La celulitis es la "piel de naranja" llena de hoyitos que aparece en los muslos, caderas y estómago —predominantemente en las mujeres— en cualquier momento después de la pubertad. El 90% de las mujeres experimenta celulitis (algunos hombres también) aunque sea una persona bien tonificada, saludable y delgada. Esto ocurre en las capas subcutáneas de la piel donde el tejido conectivo fibroso, llamado septo, almacena células de grasa en su lugar. Estas células de grasa son esenciales para mantener el cuerpo templado y reforzar la estructura de la piel en sí. Pero cuando estas pequeñas células de grasa se mueven de su lugar formando grupos, aparecen entonces las protuberancias por debajo de las capas exteriores de la piel. La gente obesa es mucho más propensa a la celulitis, ya que las capas bajas de la piel empujan a las capas subcutáneas hacia afuera.

No se tiene clara la causa de la celulitis. Lo que sí se sabe es que es más común conforme se envejece, cuando las capas exteriores de la piel se vuelven más delgadas y menos efectivas para suavizar las protuberancias. También se sabe que los hombres son menos propensos, en parte porque su cuerpo de manera natural tiene menos grasa, produce más colágeno (lo cual hace su piel más elástica) y tiene una estructura diferente del septo. Una mala circulación, un mal drenaje linfático, retención de líquidos, hormonas femeninas, obesidad y fumar son causas agravantes del padecimiento. Como se espera, existen muchas "curas" disponibles —algunas podrían funcionar y otras simplemente no.

$$$ Procedimientos cosméticos

Liposucción

No es claro qué tan efectiva es la liposucción para remover la celulitis. Es un procedimiento razonablemente fácil, que involucra la inserción de un tubo muy delgado, llamado cánula, en pequeñas incisiones de la piel. El exceso de grasa se debe succionar con mucho cuidado para evitar daños en los tejidos y nervios. Después se cosen las incisiones.

El procedimiento puede tomar varias horas y te puede dejar muy adolorida e inflamada. (La hinchazón puede durar varias semanas). Es necesario utilizar una faja durante la recuperación para ayudar a la piel a regresar a su forma natural y reducir la hinchazón al mínimo.

Entre los efectos secundarios está el poner en riesgo la vida, pero es en casos extremadamente raros. También pueden formarse coágulos de grasa y sangre, que en situaciones fatales se pueden ir a los pulmones; y la pérdida de muchos fluidos, lo cual también puede ser muy peligroso. Aunque la liposucción puede desaparecer la celulitis, también puede dañar el sistema linfático y hacer que el área se vuelva más propensa a desarrollar celulitis en un futuro.

La liposucción podría costar desde $100 000 hasta $160 000.

Inyecciones de grasa

Otra opción son las inyecciones de grasa, que se toma de donde haya más grasa en el cuerpo. Estas inyecciones rellenan los hoyitos en la piel, dándole un contorno más suave. Sin embargo, el efecto es sólo temporal, mientras la grasa se reabsorbe. Normalmente dura hasta seis meses.

Las inyecciones de grasa van desde $3000.

Levantamiento de la parte inferior del cuerpo

Si es que te vas a hacer un levantamiento de la parte inferior del cuerpo, abdomen, muslos y glúteos, entonces en automático te desharás de las celulitis (ver página 73 y 74). ¡Ésta es una operación extrema que no se recomienda sólo para la celulitis!

Mesoterapia

La mesoterapia es un procedimiento en el que se inyectan medicamento homeopático, minerales y vitaminas, en la capa subcutánea de la piel. Se dice que aquí ayuda a descomponer la formación de la celulitis, estimulando la circulación y el drenaje linfático. Las inyecciones toman 10 minutos cada una y se recomienda una serie, dependiendo de la extensión del problema. La mejora es temporal.

Los costos van desde $3000 hasta $6000 por cada parte del cuerpo en tratamiento.

Endermología

La endermología (ver página 69) es otra opción, pero nuevamente con resultados de poca duración. La radiofrecuencia es un tratamiento cómodo y no invasivo que trabaja calentando las capas subcutáneas, mientras mantiene las externas frías. Clama por estimular la producción de colágeno, la buena circulación y encoger las células de grasa.

Masaje manual de drenaje linfático

El Masaje Manual de Drenaje Linfático (MMDL) alienta al sistema linfático a trabajar mejor y a aliviar la retención de líquidos. Esto sucede a través de una luz suave que masajea. La mejora es temporal. Los costos van en un rango de $1000 hasta $3000.

$$ Salón de belleza y maquillaje

Retin-A o Tretinoína

El Reti-A o tretinoína es el único producto en el que los científicos parecen estar de acuerdo en que desaparece la celulitis (sólo con prescripción).

Funciona engrosando la capa externa de la piel, reduciendo así la apariencia de la celulitis. En las versiones de mostrador, el Retinol puede ser efectivo, pero sólo si se utiliza por mucho tiempo.

Dimetilaminoetanol

El Dimetilaminoetanol (DMAE) es otro de los productos favoritos para reventar la celulitis. Es un antioxidante hecho de pescado combinado con aminoácidos y promete dar un gran efecto de estiramiento a la piel.

Cafeína

Hoy en día se utiliza la cafeína para tratar la piel de naranja y funciona retirando el agua de las células de grasa, haciéndolas así más pequeñas y en consecuencia menos visibles. Esto es sólo un arreglo muy rápido y no es muy bueno en el largo plazo, además la deshidratación puede degradar la apariencia de la piel.

$ Estilo de vida y remedios naturales

Dieta

Una buena dieta es el punto número uno de la lista para detener la celulitis. Debes reducir al mínimo los alimentos salados, procesados, lácteos, té, café y alcohol. Debes incrementar las frutas frescas, vegetales y agua. De esta forma estimularás una buena digestión y evitarás la retención de líquidos.

Ejercicio

El ejercicio también es importante —sobre todo si está dirigido a las áreas con problemas. La ropa apretada con tela elástica también puede ser un factor que la detone, así que opta por la ropa que no te apriete y que no interfiera con la circulación.

Relajación

Reducir el estrés puede hacer una diferencia, así que tómate tu tiempo para relajarte. Lleva un buen patrón de sueño y trata de sentirte cómoda emocionalmente con tu apariencia, incluso con la celulitis.

Cepillar el cuerpo

Por último, el cepillar tu cuerpo utilizando un cepillo suave puede tener un gran impacto en la zona con hoyitos. Úsalo diariamente antes de bañarte, haz movimientos suaves y largos hacia el corazón, después huméctate.

Verrugas

Las verrugas también son conocidas como acrocordón o papiloma cutáneo. Son pequeños tumores benignos que aparecen en forma de nódulos colgando en la piel. Normalmente son pequeñas y del mismo color de la piel, pero también pueden ser cafés y crecer del tamaño de una uva. Casi siempre salen en los pliegues del cuerpo (por ejemplo en la ingle, las axilas, cuello y párpados), pero también pueden salir en donde la ropa roza con la piel (por ejemplo debajo de las varillas del sostén donde roza con el pecho).

Las verrugas están relacionadas con la edad. Es común que aparezcan en personas mayores de 30 años, aunque también pueden aparecer como resultado de las hormonas del embarazo o de la diabetes tipo 2. Pueden ser casi imperceptibles o extremadamente feas y a menudo se enredan con la joyería o ropa y se inflaman, irritan o hasta pueden llegan a sangrar. Sin embargo, casi nunca son cancerosas y es raro que sea necesario retirarlas, aunque hacerlo puede ser muy fácil.

$$$ Procedimientos cosméticos

Quemarlas o congelarlas
Las verrugas se pueden quemar, utilizando electrólisis, o congelar, utilizando nitrógeno líquido. Estos dos métodos son muy sencillos y rápidos, aunque pueden causar decoloración y en ocasiones no funcionan.

Escisión
Las verrugas se pueden retirar con un bisturí, el cual permite el menor sangrado. Normalmente los dos méto-

dos anteriores y éste se realizan sin anestesia, aunque es probable que se coloque una anestesia tópica cuando se van a retirar las más grandes. Esto puede ser realizado por cualquier médico general o por un especialista en la piel.

Si se realiza en un consultorio particular el costo puede ser de $1000 por un área pequeña de tratamiento.

$$ Salón de belleza y maquillaje

Dermisil

Existen cientos de remedios naturales en el mercado que están diseñados para que las verrugas se sequen y se caigan. El Dermisil es uno de ellos y está hecho a base de extractos de plantas. Los comentarios en cuanto a los resultados son encontrados.

Esmalte para las uñas

Un esmalte para uñas claro es un método más barato y debe ser aplicado todos los días en la verruga hasta que desaparezca. Esto requiere cierta paciencia, el ácido en el esmalte debe funcionar.

$ Estilo de vida y remedios naturales

Ya que las personas obesas tienen más pliegues en el cuerpo son más propensas a desarrollar verrugas. Si cuidas tu peso también estarás previniendo las verrugas.

Ligadura

Las verrugas pueden ser ligadas con un hilo dental o cualquier hilo, se enreda en la base y se jala. La falta de circulación hará que la verruga se caiga en algunos días.

Remedios naturales

Haz una mezcla de aceite de ricino y bicarbonato de sodio y aplícatela tres veces al día. Esto hará que la verruga se seque en algunos días. También puede ser efectivo el aceite del árbol del té o vinagre de manzana, aplícatelos dos o tres veces al día.

Manchas permanentes

La Dermatosis Papulosa Nigra afecta sobre todo a la gente de raza negra o asiática. Se caracteriza por el crecimiento de manchas oscuras en las mejillas, frente, cuello y torso. En ocasiones las manchas pueden ser escamosas. Es una condición genética y no causa daños, así que es raro que se tenga que tratar médicamente. Sin embargo, existen tratamientos cosméticos.

La Queratosis Seborreica es una variante de la Dermatosis Papulosa Nigra con la diferencia de que las manchas son más claras. Ésta sobre todo afecta a la gente de piel blanca. Las dos condiciones surgen en una edad adulta, los crecimientos son benignos y pueden variar en tamaño, desde pequeños puntitos hasta varios centímetros.

La milia es causada por una serie de células muertas que quedan atrapadas por debajo de la piel resultando en grupos de pequeños grumos blancos normalmente en la nariz y cara. Casi el 50% de los bebés recién nacidos padecen milia, pero en este caso desaparece solo. Para los adultos se sospecha que las causan pueden incluir daños solares, el uso tópico de esteroides y la dermoabrasión. Los puntos son de 1 o 2 mm y tienen forma de cúpula. Estos tres padecimientos no causan dolor, pero pueden ser muy desagradables.

$$ Procedimientos cosméticos

La Dermatosis Papulosa Nigra y la Queratosis Seborreica se pueden tratar de diversas formas.

Congelamiento
La manchas se pueden congelar, usando nitrógeno líquido. Este procedimiento conlleva el riesgo de cicatrices permanentes (incluyendo la formación de queloides —ver página 58) lo cual puede ser muy notorio y difícil de quitar.

Raspado
Utilizando la aplicación de anestesia tópica local, las manchas se pueden raspar con un bisturí. Aquí nuevamente el riesgo son las cicatrices.

Tratamiento láser
Se ha tenido cierto éxito con el tratamiento láser, particularmente con el láser Yag. El riesgo de cicatrices es mínimo.

Los costos por este tratamiento van desde $10 000 hasta $ 20 000.

Piling químico y microdermoabrasión

El piling químico (ver página 21) puede ayudar a deshacer las células muertas en la piel que se presentan en la milia y ayudar a estimular el crecimiento de piel nueva y saludable.

La microdermoabrasión (ver página 30) también puede ser efectiva, ya que aclara la piel vieja afectada por la milia.

Los costos del piling químico y de la dermoabrasión van desde $1200.

$$ Salón de belleza y maquillaje

AHAs y Retin-A

Los ácidos alfa-hidróxidos (AHAs) (ver página 23) y el Retin-A (Tretinoína) pueden ser muy efectivos en el tratamiento de los tres padecimientos, aunque si eres de piel oscura debes tener cuidado al usar tales productos, ya que pueden dejar cicatrices. Puedes intentar los AHAs hechos de ácido láctico (leche) o ácido málico (derivado de manzanas y peras), ya que parecen ser menos dañinos. Una vez que la milia se desarrolla a nivel subcutáneo, el Retin-A puede ayudar a tratarlo, pues engrosa las capas superiores de la piel.

$ Estilo de vida y remedios caseros

Se cree que la Dermatosis Papulosa Nigra y la Queratosis Seborreica son hereditarias y están asociadas con la edad, no hay cambios de vida que puedan ayudar a mitigar su apariencia.

Evita

Por otro lado, se cree que la milia es detonada por ciertos factores de estilo de vida, así que evita el sol directo, los tratamientos severos en la piel y los esteroides. Esto puede prevenir su aparición o reaparición después de un tratamiento exitoso.

Protuberancias por rasurarse

Las protuberancias por rasurase también conocidas como los "baches por rasurarse" o pseudofolliculitis barbae. Éstos son el resultado de pelos que crecen hacia adentro, lo que desata una reacción en la piel y causa inflamación e infección. Las protuberancias que resultan se pueden volver rojas, si la bacteria está presente, y terminar luciendo como la erupción del acné. La gente con el cabello rizado es más susceptible, ya que el cabello tiende a regresar al folículo. Si no se tratan las protuberancias, se pueden volver muy dolorosas y desagradables y hasta pueden terminar en queloides (ver página 58).

Esta condición normalmente se agrava con el rasurado. Puede ocurrir tanto en mujeres como en hombres, aunque los hombres son los más afectados. Una buena rutina de rasurado puede hacer toda la diferencia, pero las protuberancias persistentes se pueden tratar efectivamente una vez que están desarrolladas.

$$$ Procedimientos cosméticos

Tratamiento láser

El tratamiento con láser utilizando el láser Yag ha dado muy bueno resultados, sólo que debes prepararte para 12 sesiones con intervalos de una semana.

Los inconvenientes incluyen incomodidad y cierto potencial a desarrollar cicatrices. Este tratamiento no da una solución definitiva, aunque sí a largo plazo.

El costo del tratamiento con láser va desde $20 000.

$$ Salón de belleza y maquillaje

Cremas depilatorias

Los "rasuradores químicos" utilizados para depilar son una solución muy común, ya que evitan pasar el rastrillo y con esto las protuberancias. Las cremas depilatorias contienen tioglicolato de calcio que debilita el pelo y así se puede retirar fácilmente.

Sin embargo, estas cremas pueden irritar o incluso quemar la piel si se dejan más tiempo de lo recomendado, y por esta razón, normalmente no se recomiendan para usarlas en la cara.

Ácido glicólico

También puedes utilizar un humectante que contenga ácido glicólico (un AHA o ácido de fruta) por las noches. Este ácido ayuda a la piel a deshacerse de las células muertas, lo cual reduce la irritación de las protuberancias y mantiene la piel más saludable.

$ Estilo de vida y remedios naturales

Deja de rasurarte

La mejor forma de detener estas protuberancias es dejar de rasurarte, por lo menos tres o cuatro semanas, para que permitas que el pelo crezca adecuadamente. Muchos hombres creen que es preferible usar barba que padecer la incomodidad de las protuberancias.

Una buena rutina de rasurado

Sin embargo, si prefieres lucir limpio y rasurado, entonces debes desarrollar una buena rutina de rasurado. Antes que nada, nunca te rasures en cuanto te acabas de despertar en las mañanas; tu piel está mucho más hinchada por dormir. Espera diez minutos —con eso es suficiente—. Siguiente, calienta tu piel cuando menos cinco minutos, ya sea tomando una ducha o con una toallita. Esto suaviza la piel, abre los poros, y lo más importante, suaviza el pelo que vas a rasurar.

Un limpiador humectante o un exfoliante facial suave mantendrán la piel súper limpia, así que trata de hacer esto un poco antes de rasurarte. Después aplica una gel para rasurar y utiliza un rastrillo de una hoja, en lugar de varias, rasúrate haciendo movimientos suaves y largos. Nunca te rasures en contra del grano, ya que cortar el pelo en la dirección inadecuada propicia que vuelva al folículo. Mantén la hoja del rastrillo limpia, enjuagándola entre cada pasada y después lavando y esterilizando entre cada rasurada.

Finalmente, enjuágate bien y aplica un astringente para después de rasurar, puede ser de aceite del árbol del té para prevenir infecciones. Otro buen consejo es rasurarte alternadamente, en lugar de todos los días.

Cara

Se usaba que debías vivir con la cara que habías nacido. Pero como hemos visto en los capítulos anteriores, ahora existen varias maneras de poner freno a los signos de la edad. También puedes mejorar cosas de tu cuerpo con las que no estás tan feliz —desde las ojeras hasta las orejas grandes—. Y no todo esto involucra pasar una noche en la clínica.

Si estás planeando renovar tu cara, recuerda que ninguna cantidad de cirugías cambiará la persona que eres —pero un gran maquillaje puede hacer una mejor versión de ti misma.

Ojos

Tus ojos revelan cómo te sientes —tanto física como emocionalmente—. No hay otro impacto como éste.

Existen varias cositas que puedes hacer para asegurarte de que tus ojos siempre luzcan lo mejor posible. Una buena cantidad y calidad de sueño es lo esencial, ya que el cansancio se refleja en tus ojos. No hay maquillaje, corrector o parches de pepino que puedan compensar las desveladas y levantadas. Una buena dieta también es muy importante. Los productos frescos, agua pura y los granos enteros mantendrán tus ojos claros y brillantes.

El maquillaje ayuda, así que es bueno pagar para que un experto te enseñe acerca de los productos y su uso y los colores que van con tu tipo de ojos.

No olvides limpiarte el área de los ojos antes de ir a dormir. Después de la limpieza, ponte un poco de crema para ojos con tu dedo anular, el más débil de tus dedos, para que no hagas demasiada presión en el área. Ten cuidado de no ponerte crema sobre los párpados o se hincharán.

Consulta a un oftalmólogo si crees que necesitas gafas o lentes de contacto, ya que si continuas forzando el entrecejo te dejará líneas de expresión. Si trabajas visualizando pantallas, baja el brillo de éstas y toma descansos, ya que demasiado tiempo frente a ellas te dejará los ojos rojos y dañará tu visión.

Ojos hinchados

La piel de los párpados es muy delgada y en consecuencia muy sensible. Los párpados se pueden hinchar por muchas razones, incluyendo beber demasiado la noche anterior, retención de líquidos (debido a mucha sal en la dieta), cambios hormonales, llanto o falta de sueño. Sin embargo, si la inflamación persiste y está acompañada de dolor y/o visión borrosa debes consultar a tu doctor u oculista.

Si tus ojos están tan hinchados que no los puedes cerrar cómodamente debes buscar ayuda médica inmediatamente, ya que puede haber alguna condición médica subyacente.

$$$ Procedimientos cosméticos

Las causas de los ojos hinchados son los fluidos y no existe operación quirúrgica para solucionarlo.

$$ Salón de belleza y maquillaje

Cremas para los ojos

Las cremas para los ojos pueden ayudar a reducir la inflamación y a devolverles su contorno natural. Busca productos que contengan aloe vera o vitamina E y siempre aplícalas en cantidades moderadas —demasiada crema en los ojos puede contribuir al problema de hinchazón.

Antihistamínicos

Si tu problema es causado por alergias, entonces los antihistamínicos pueden ayudar a reducir la inflamación e incomodidad. Éstos están disponibles en cualquier mostrador.

$ Estilo de vida y remedios naturales

Dormir

El dormir suficiente puede ayudar a reducir los ojos hinchados, especialmente cuando la cabeza está en alto sobre una almohada.

Agua

También puedes reducir los ojos hinchados tomando mucha agua para eliminar las toxinas y disminuyendo la sal y los alimentos procesados. Si es posible, come frutas, vegetales y granos enteros. Si esparces un poco de agua fría en los ojos te ayudará para los ojos hinchados y a cerrar los poros.

Remedios naturales

Algunos remedios caseros incluyen ponerte en los ojos por diez minutos unas rodajas de pepino helado o un algodón remojado en agua de rosas. También puedes usar bolsas heladas de té o rodajas de manzana; los dos contienen tanino, que es un antiinflamatorio natural. Por último, te puedes masajear suavemente alrededor de los ojos para mejorar el drenaje linfático y darle a los párpados una apariencia más firme.

Párpados caídos

Los párpados caídos son cuando la "cubierta" tapa al ojo completa o parcialmente. Los párpados caídos te hacen ver cansado o incluso siniestro. Normalmente es hereditario o se puede desarrollar con la edad, cuando el tejido graso se comienza a colgar.

$$$ Procedimientos cosméticos

Levantamiento de párpados

Un levantamiento de párpados (o Blefaroplastia) es una de las cirugías estéticas más comunes en el mundo. Este procedimiento te abre los ojos e inmediatamente te rejuvenece el rostro.

Si optas por esta cirugía, le debes avisar a tu cirujano de cualquier problema que tengas en los ojos, ya que esto podría dificultar el procedimiento. Normalmente se lleva a cabo con anestesia local y se hace una incisión en la parte superior del párpado, en donde están los pliegues para que de esta forma la cicatriz sea discreta. Se remueve el exceso de grasa y tejido y entonces se sutura la herida, en ocasiones con puntos que se reabsorben. Si existe un exceso de piel el cirujano podría cortarla, aunque normalmente por precaución cortan muy poquito, ya que de quedar corta sería fatal.

Los efectos secundarios son moretones e hinchazón, aunque normalmente desaparecen en pocos días aplicando compresas frías. Es probable que te pidan que duermas lo más sentada posible para asegurar que los ojos drenen adecuadamente por las noches.

También es muy probable que te prescriban antibióticos profilácticos y ungüentos para los ojos, para evitar cualquier infección.

Es común que la gente sienta dificultad para cerrar los ojos después de esta operación debido a la tensión que existe en la piel; esto debe durar sólo algunos días. Se recomiendan gotas para lubricar los ojos, para tratar la resequedad que es inevitable.

La recuperación total puede tomar hasta 12 semanas, aunque en este tiempo podrás aplicar algún corrector.

Los costos van desde $50 000 hasta $100 000

$$ Salón de belleza y maquillaje

No existen productos mágicos para tratar esta condición, sin embargo ¡por algo existe el maquillaje!

Disfrázalos

Si no quieres someterte a una cirugía, entonces intenta utilizar maquillaje para disimular tus párpados caídos. Para empezar escoge una sombra pálida, de un color que resalte como el azul y aplícatelo desde la base de las pestañas superiores hasta el hueso de las cejas y también por debajo de las pestañas de abajo. Puedes usar delineador debajo de las pestañas de abajo y correrlo un poco hacia afuera del ojo. Esto hará que el ojo se levante, reduciendo el impacto de los párpados caídos.

$ Estilo de vida y remedios naturales

Si dejas que se te hinchen los ojos acentuarás los párpados caídos. Duerme mucho, evita beber alcohol en exceso y toma mucha agua.

Bolsas debajo de los ojos

Las bolsas debajo de los ojos son un signo de cansancio. Si son muy severas te pueden hacer lucir mayor de la edad que tienes. Las causas generales incluyen predisposición genética, el proceso de envejecimiento y retención de fluidos. La sinusitis o alergias pueden empeorar las bolsas de los ojos, así que consulta a tu médico si sospechas de esto.

$$$ Procedimientos cosméticos

El levantamiento de párpados también está recomendado para las bolsas debajo de los ojos. Normalmente se hace con anestesia local y protección ocular (ver en "levantamiento de párpados" página 98). En el caso de las bolsas, el cirujano hace una incisión dentro del párpado y remueve el tejido graso. Si existe un exceso de piel, entonces se hace una incisión justo por debajo de la línea de las pestañas hasta el límite de la parte exterior del ojo y la piel se corta.

La piel se puede regenerar utilizando un láser CO_2 dos o tres veces a la semana después de la cirugía para remover cualquier arruga. (Para el proceso de recuperación y efectos secundarios ver página 99).

Los costos son de $50 000 a $ 100 000.

Rellenos

Los rellenos inyectables como el Restylane y Juvéderm® son menos invasivos; éstos le dan a las bolsas un contorno más suave y las hacen menos feas.

Los efectos duran nueve meses más o menos y después hay que volver a hacer el tratamiento. El adormecimiento es el principal efecto secundario, pero va desapareciendo gradualmente.

Los costos van desde $5000.

$$ Salón de belleza y maquillaje

Crema hemorrhoid

La crema hemorrhoid es uno de los mejores remedios para las bolsas debajo de los ojos. La suelen utilizar las súper modelos antes de una sesión fotográfica para tapar las marcas de la fiesta de la noche anterior.

Agentes fríos

Los agentes fríos como rodajas de pepino, manzana o bolsas de té también suelen ser muy efectivos.

$ Estilo de vida

Las bolsas debajo de los ojos son incurables si estás predispuesta a ellas, lo que sí puedes hacer es evitar que empeoren.

Duerme suficiente, mantente hidratada, y ¡no te vayas mucho de fiesta!

Ojeras

Las ojeras son causadas por un adelgazamiento en la piel, el cual provoca que los vasos sanguíneos se vuelvan azulados, haciéndose así más visibles.

Las ojeras pueden hacer que tu cara se vea cansada y avejentada. Las ojeras en personas de piel oscura pueden deberse a una sobrepigmentación y requerir un tratamiento diferente al de las pieles claras.

$$$ Procedimientos cosméticos

Tratamiento láser

El tratamiento láser evapora los vasos sanguíneos y así se reduce la tonalidad oscura alrededor de los ojos. Esto sólo se recomienda para personas de piel clara, el láser también puede reducir la pigmentación en personas de piel oscura.

El costo del procedimiento va desde $20 000.

$$ Salón de belleza y maquillaje

Agentes para aclarar la piel

Si eres de piel oscura entonces los agentes para aclarar la piel que contienen hidroquinona o ácido kójico te pueden ayudar a reducir las ojeras.

Cremas

Los productos con vitaminas C, E y retinol han dado buenos resultados en todo tipo de pieles. Algunas personas creen que las cremas con vitamina K ayudan, aunque esto no está comprobado.

Cúbrelas

Puedes cubrir las ojeras con corrector, pero escoge un color rosado, ya que los tonos blancos hacen que la piel se vea gris. Ponte el corrector con golpecitos después del maquillaje base. Si eres una persona de piel sensible y propensa a las alergias entonces escoge cosméticos hipoalergénicos y evita los AHAs y el ácido glicólico que te pueden irritar.

Existen correctores especiales muy efectivos que reflejan la luz y están especialmente hechos para el área de abajo de los ojos.

$ Estilo de vida y remedios naturales

Duerme suficiente

A menudo se dice que la falta de sueño empeora las ojeras, así que es importante dormir bien (por lo menos ocho horas).

Bebe agua

El mantenerte hidratada es importante para muchas cosas, así que el beber agua no te hará daño y te ayudará a mitigar la apariencia de las ojeras.

Cejas súper depiladas o dañadas

Dibujarte las cejas con un lápiz era común en los años 70, pero ya no. Esto puede hacer que la cara se vea dura y sin expresión.

Quitarte demasiada ceja puede ser muy fácil de hacer, pero no de deshacer.

La regla de oro es "nunca te lo quites si no puedes vivir sin él porque no sabes si volverá a crecer". En algunas ocasiones el folículo está tan dañado por la depilación que deja de producir pelo.

$$$ Procedimientos cosméticos

Trasplante de ceja

La quimioterapia, radiación y traumas físicos como quemaduras pueden dañar el folículo hasta el punto en el
que no vuelve a crecer pelo. Esto te puede dejar sin cejas
o con muy pocas. En estos casos el trasplante de cejas es
probablemente la única solución para una apariencia
natural.

El trasplante de ceja es un área extremadamente es-
pecializada, así que prepárate para una larga búsqueda
del cirujano adecuado.

Existen dos tipos de trasplantes:

- La incisión de cada cabello en el sitio.
- La incisión de tiras de cabello, piel y tejido subyacente
  en el sitio.

El trasplante de cabello por cabello resulta en una ceja
más definida. Suelen utilizar cabello fino, en lugar de
grueso (normalmente de la parte trasera de la cabeza).
Este procedimiento requiere mucho tiempo de cirugía o
se puede hacer en varios procedimientos.

Las tiras de cabello se pueden hacer en un solo procedimiento. Se quita una tira de la sien, justo enfrente de la
oreja y se lleva al punto de la incisión, mientras sigue adherido al suministro de sangre del tejido subyacente.

La tira se inserta subcutáneamente al sitio hasta que
se "pegue" y sea alimentada por los vasos sanguíneos

locales. Si el trasplante es exitoso, el paciente deberá estar preparado para "entrenar" el cabello nuevo a la forma de una ceja, utilizando el cepillo de una máscara de pestañas, gel y recortándolo, ya que el cabello nuevo crecerá más de lo normal y más rápido que una ceja.

Los costos van desde $40 000.

Maquillaje permanente y semipermanente

Si tienes cejas escasas o nada, te las puedes tatuar. Encontrar un practicante profesional es lo más importante. Existen miles de anuncios en internet, pero la recomendación de alguien y ver el trabajo de esta persona es la manera más segura de proceder.

Normalmente los tatuajes de cejas se hacen gradualmente y pueden ser sesiones espaciadas por semanas. El efecto puede durar por años, pero para lucir frescas es necesario revisarlas cada 12 o 18 meses.

Cuando esto no sale bien, el proceso de desvanecimiento puede dejar las cejas irregulares y extrañas. El proceso natural de gravedad de la piel también puede afectar cómo terminará luciendo la ceja tatuada.

Puede quedar alguna cicatriz después del proceso, así como también desarrollarse una reacción alérgica al pigmento que se utiliza.

Por otro lado, existe la posibilidad de que no te guste lo que te hicieron y removerlo no es fácil. Puedes esperar 10 años a que desaparezca o pagar $3500 por otro practicante que lo corrija.

Este procedimiento puede costar desde $10 000.

$$ Salón de belleza y maquillaje

Rogaine

Es muy difícil acelerar el crecimiento del cabello e imposible estimularlo una vez que el folículo está muerto. Sin embargo, existe un producto llamado Rogaine, que algunas personas piensan que sirve para estimular el crecimiento del cabello. Originalmente estaba dirigido a los hombres, pero hoy en día existe una versión para mujeres. Utilízalo con cuidado —este producto no debe caerte en los ojos.

Aceite de ricino

El aceite de ricino es un antiguo "remedio" que sirve para estimular el crecimiento del cabello. Funciona para algunos y para otros no. Pero no es caro, así que inténtalo.

Plantillas

Mientras esperas a que te crezcan las cejas puedes intentar utilizar las plantillas. Las plantillas te ayudarán a rellenar la forma de la ceja, usando un color café. Mezcla el color en los pinceles para que se suavice y quede una apariencia más natural. Los fijadores mantienen todo en su lugar hasta que te desmaquilles.

Otra ventaja de las plantillas es que te puedes basar en ellas para depilarte las cejas. Si te mantienes apegada a las plantillas nunca te depilarás de más.

$ Estilo de vida y remedios naturales

Depílate adecuadamente

Si te depilas hazlo regularmente, en lugar de esperarte cada mes, ya que estarás tentada a hacerlo de más. Siempre vete hacia el lado de la precaución, usa pinzas de calidad, límpialas y hazlo con una buena luz. De forma alternada podrías depilarte con cera en el salón de belleza. Esto te dará una cejas lindas y además una guía para seguirte depilando.

La depilación con hilos es probablemente la forma más efectiva de quitar la ceja. Este tratamiento de belleza de Oriente Medio involucra el uso de hilos enredados para remover los pelos que están fuera de lugar. Un practicante especializado lo puede hacer muy bien y lograr resultados muy naturales. Los hilos también promueven el lento crecimiento del pelo, ya que hasta los pelos más pequeños son arrancados desde la raíz.

Pestañas escasas

Las pestañas escasas pueden ser la causa de un mal hábito de jalártelas o del abuso en el empleo de pestañas postizas. En la mayoría de los casos las pestañas vuelven a crecer —a menos que el folículo esté muerto.

$$$ Procedimientos cosméticos

Restauración de pestañas

La restauración de pestañas es un campo muy especializado. Las pestañas se implantan una por una para así lograr una apariencia muy natural.

Después del procedimiento, las pestañas se tienen que "entrenar" para que se comporten como las naturales; te pueden dar comezón. Evita rascarte ya que eso tirará las pestañas nuevas y podría causarte una infección. Te pueden prescribir unas gafas especiales para evitar rascarte.

Los costos van desde $1000.

Maquillaje permanente y semipermanente

Ve en la página 106 los tatuajes de cejas. El procedimiento y los efectos secundarios son más o menos los mismos, pero obviamente los párpados son un área más delicada. Aquí no se utiliza una pistola de tatuajes.

El tatuaje intenta dar una apariencia de abundancia a las pestañas escasas o darle una definición al ojo que no tiene pestañas.

Los moretones e hinchazón pueden durar de tres días a una semana, después del procedimiento existe el riesgo de infección y reacción alérgica. Los costos son alrededor de $5 000.

$ Estilo de vida y remedios naturales

Una buena salud y cuidado personal son la clave para tener unas pestañas de lujo. Evita el estrés y duerme lo más que puedas.

La vaselina y el aceite de oliva valen la pena intentarlos; no te los pongas en los párpados porque te los dejarán hinchados.

Vello facial

Todas las mujeres tienen algo de vello facial. En los niños normalmente es suave, fino y rubio. Pero de la pubertad en adelante, se puede oscurecer, engrosar y hacer más notorio.

La predisposición genética junto con la edad y los cambios hormonales son los principales factores que lo provocan.

El exceso de vello en la cara puede ser el problema subyacente de alguna condición médica como el Síndrome de Ovario Polquístico (SOPQ), que es muy tratable.

Si sientes que te crece vello facial en exceso, debes consultar a tu médico y descartar cualquier duda médica antes de empezar cualquier tratamiento.

$$$ Procedimientos cosméticos

Terapia láser

La terapia láser lo que provoca es un crecimiento más lento del vello en lugar de detenerlo, aunque vale la pena la inversión si tienes vello excesivo y duro.

Mucha gente piensa que es incómodo y otras dicen que es doloroso. Un efecto secundario podrían ser las cicatrices sobre todo en las pieles oscuras.

Los costos van desde $1000 por sesión (por el labio superior), aunque el tratamiento podría llegar a costar miles de pesos si se requieren muchas sesiones.

Electrólisis

La electrólisis involucra la inserción de una aguja esterilizada en el folículo del vello en donde se hace una descarga de corriente eléctrica. Efectivamente esto mata al vello desde la raíz y en teoría mata el folículo. No siempre funciona y como se debe tratar cada vello individualmente toma muchas sesiones por muchos meses. Algunas personas lo encuentran incómodo, mientras que otras dicen que es doloroso.

Los efectos secundarios posibles de la electrólisis son: cicatrices, cambios en la pigmentación, y en algunos casos, infección.

Los costos de la electrólisis van desde $400 por sesión de 15 o 20 minutos.

$$ Salón de belleza y maquillaje

Depilación con cera

En la depilación con cera el vello se arranca desde la raíz, aplicando una sustancia pegajosa en la piel. Se coloca una tira de algún material especial sobre la cera y se jala llevándose así la cera y todo el vello no deseado.

Este método es muy popular para retirar el vello facial no deseado. Requieren de una mano firme y ¡mucho coraje!

Para mejores resultados hay que jalar la tira en dirección contraria al crecimiento del vello.

Este tratamiento te lo pueden hacer en el salón de belleza, aunque puede ser caro si lo necesitas con mucha regularidad.

Los resultados duran dos o tres semanas cuando mucho.

Cremas depilatorias

Las cremas depilatorias (ver página 91) son efectivas para remover el vello, pero pueden irritar la piel si se dejan mucho tiempo o si tu piel es sensible.

Los resultados duran dos o tres semanas cuando mucho.

Decoloración

La decoloración es otra forma de minimizar la apariencia del vello facial. Es efectiva en vello corto y fino, y sólo sirve hasta que vuelve a crecer el vello y se oscurece la raíz. Esto puede irritar la piel, enrojeciéndola o quemándola, ya que contiene peróxido de hidrógeno, así que haz una prueba en un área pequeña antes de usarla.

$ Estilo de vida y remedios naturales

Método natural

Si no te gustan las cosas químicas, intenta mezclar dos cucharaditas de jugo de limón (conocido como agente aclarador) con dos cucharadas de miel. Aplícatelo en el vello por 10 o 15 minutos y luego enjuágatelo.

Repite este procedimiento una vez a la semana y te ayudará a reducir el vello y hacer más lento el crecimiento.

Depilación con pinzas
La depilación con pinzas es un método muy práctico para poco vello facial, pero no es recomendado para áreas muy extensas ¡a menos que seas masoquista!

Rasurarte
Rasurarte es un remedio rápido, pero deberás hacerlo diario o casi diario. El vello se volverá picudo y grueso. Esto podría terminar siendo peor que lo vellos suaves que tenías antes de hacerlo.

Labios delgados

Aunque hay personas que nacen con los labios delgados, también se van haciendo más finos debido al proceso de envejecimiento y a la disminución de producción de colágeno. Esto puede hacer que las caras tengan una expresión muy severa.

Existen miles de soluciones a la mano —algunas más exitosas que otras.

$$$ Procedimientos cosméticos

Relleno de labios
Los rellenos de labios se han vuelto muy populares y accesibles.

El procedimiento toma alrededor de 30 minutos e incluye la aplicación de una anestesia tópica local. Se puede inyectar en los labios ácido hialurónico; éste entra en el cuerpo y se fusiona con moléculas de agua para así dar a los labios una apariencia con volumen.

Colágeno derivado de humano o de bovino son otras sustancias que también se inyectan. El colágeno derivado de bovino tiene un alto riesgo de provocar alergias, así que hazte una prueba de alergias antes de intentarlo. El colágeno derivado de humano no tiene problemas de alergias.

Estas inyecciones normalmente no tienen efectos secundarios más que unos días de hinchazón y existe un riesgo muy bajo de alguna infección. Los rellenos duran de cuatro a seis meses, dependiendo de cómo absorba cada cuerpo las sustancias.

Inyecciones de grasa

Los labios también pueden ser inyectados con grasa de tus glúteos que haya sido removida vía liposucción. Existe muy poco riesgo de rechazo, ya que es material de tu propio organismo. Asimismo existe la posibilidad de que se haga una cicatriz en el lugar donde la grasa fue implantada y los resultados no son permanentes.

Los rellenos cuestan alrededor de $5000 por jeringa, aunque si se utiliza tu propia grasa el precio se incrementa hasta los $30 000.

Implantes de labios

Si buscas una solución permanente podrías considerar los implantes de labios. Antes de que hagas esto deberás probar con métodos no permanentes para que puedas conocer el tamaño y la forma que te quedan mejor.

La operación dura alrededor de una hora y media e incluye anestesia local. Se hacen dos incisiones en las esquinas exteriores de los labios, se crea un túnel entre las dos incisiones y entonces se coloca el implante. Finalmente se suturan las dos incisiones.

Generalmente los implantes están hechos de tres materiales:

- Gore-Tex —el mismo material que se utiliza para los impermeables. Éste es muy común ya que es poroso, lo cual permite que el tejido del labio crezca a través de él. Con esto se crea un efecto más natural, aunque se pueden sentir rígidos.
- Los implantes de forma suave son tubulares y dan un resultado más suave.
- El AlloDerm es un material hecho de tejido humano y da el resultado más natural, tanto en apariencia como al tacto.

Cuando se implanta un material extraño al cuerpo siempre existe la posibilidad de rechazo, infección y de migración de los implantes. Esto también ocurre con los implantes de labios. Puede llegar a crearse cierta rigidez.

Los costos son alrededor de $15 000 por labio.

Maquillaje semipermanente

El maquillaje semipermanente puede resultar una mejor opción, en lugar de los rellenos e implantes que pueden terminar en reacciones alérgicas o rechazo. Los labios se pueden dibujar y darles forma para que luzcan más voluminosos.

Antes de decidir un delineado permanente o colorear los labios con un tatuaje piensa en los efectos secundarios y riesgos que puede tener (ver páginas 106 a 108) que son los mismos de las cejas y pestañas.

Los costos van desde $7000.

$$ Salón de belleza y maquillaje

Productos para engrosar los labios

Los productos para engrosar los labios proveen un estímulo temporal a los labios. Algunos productos afirman activar la producción de colágeno y sugieren que el efecto será de larga duración.

Estos productos actúan atrayendo moléculas de agua (lo que da a los labios volumen) o incluyendo algún irritante como la canela o menta, lo que hace que los labios luzcan más gruesos y rojos).

Algunos otros productos también contienen ácido hialurónico, un agente que da volumen.

$ Estilo de vida y remedios naturales

Evita...

Fumar produce unas líneas arriba de la boca y **reseca** hasta los labios más hidratados —así que **déjalo cuanto** antes.

Exfoliar

Una exfoliación semanal, utilizando un cepillo de dientes ayudará a que tengas unos labios más rosados, también un poco (pero no te excedas) de aceite de canela actuará como los productos para engrosar los labios.

Maquillaje

También se puede utilizar el maquillaje para dar un gran efecto.

Antes que nada, evita los labiales oscuros y lápices para labios, los cuales pueden hacer que hasta unos labios inflamados se vean delgados y más rígidos.

Comienza por aplicar tu base habitual en los labios, luego aplica un delineador pálido alrededor de la orilla de los labios. Algunos maquillistas piensan que esto se ve falso, pero vale la pena intentarlo. Siempre asegúrate de difuminar el delineador, ya que una línea llamativa sólo captará la atención en el contorno de tus labios.

Después, aplícate tu labial de costumbre y aplica un poco de resaltador en el arco de los labios o en el centro del labio de abajo para abrir el área, haciendo que parezca más voluminosa. Intenta un resaltador plateado o dorado que da más luz e incremente el efecto de volumen.

Por último, aplica una capa de brillo labial. El brillo labial atrae la luz a los labios haciéndolos lucir más atractivos.

Barbilla contraída

Una barbilla retraída puede terminar con el equilibrio de una cara, haciendo que la nariz se vea más prominente y la mandíbula más gorda. Esto se puede deber a un desalineamiento de la mandíbula baja debido a:

- Una situación congénita.
- La mandíbula alta y la baja crecieron de forma dispareja.
- Algún trauma físico.

Esta condición puede dificultar el masticar, hablar o hasta respirar y puede ser una causa de gran dolor e incomodidad.

La mandíbula retraída también puede ser un problema estético que no cause dolor, pero sí falta de confianza.

Existen operaciones para ambas condiciones y algunos trucos para ayudarte.

$$$ Procedimientos cosméticos

Cirugía ortognática

Esta cirugía se utiliza para problemas de alineación en la mandíbula baja.

La mandíbula retrognata (o mandíbula baja retraída) también puede causar una mordida desalineada y se recomienda la cirugía una vez que el tratamiento de ortodoncia no corrigió el problema.

La cirugía ortognática es un gran compromiso, ya que los resultados finales pueden tomar hasta dos años y los cuidados pre y posoperatorios son muy importantes.

El trabajo comienza con ortodoncia, ya que esto hará que los dientes encajen adecuadamente después de la cirugía. Esto puede requerir el uso de braquets durante dos años y el progreso se va monitoreando cada determinado tiempo, utilizando rayos X y moldes dentales.

Cuando el ortodoncista piensa que estás lista entonces viene la cirugía. Después de muchas citas con tu cirujano tendrás que ingresar al hospital como paciente interno, no ambulatorio.

El procedimiento se hará con anestesia general, ya que tomará varias horas, dependiendo de cada caso. Normalmente la cirugía ortognática es muy exitosa y los resultados son predecibles. Durante la operación la mandíbula será separada de varios lados y se puede agregar hueso para alcanzar la longitud necesaria. Una vez que la mandíbula está alineada, un pedazo del hueso de la barbilla se jala hacia adelante para obtener un mejor perfil. Entonces, las partes de la barbilla y mandíbula se fijan en su lugar utilizando placas y tornillos.

Probablemente estarás varios días en el hospital después de la operación. Tu dieta serán solamente líquidos, ya que las mandíbulas estarán amarradas para la recuperación. El periodo inicial de recuperación es de alrededor de seis semanas. Durante este tiempo la hinchazón y los moretones tendrán que ir desapareciendo, tal vez te prescriban antibióticos profilácticos, analgésicos y antiinflamatorios. La recuperación total (incluyendo la rehabilitación de los tejidos) puede tomar hasta un año.

Como en todas las cirugías mayores, el riesgo de infección es alto, así que sé rigurosa con la higiene oral y no falles a las citas subsecuentes con el cirujano y el dentista.

Después de la cirugía tu dentista tendrá que enderezar los dientes, así que deberás que utilizar braquets por un año más.

Si los problemas posoperatorios continúan, como el dolor crónico y la falta de movilidad, es probable que necesites más tiempo de tratamiento. Cualquier problema de sensibilidad se recuperará en los meses siguientes.

El resultado de este procedimiento puede ser transformativo —no sólo en apariencia, sino también en salud y bienestar.

Los costos de la cirugía dependen de cada clínica.

Implantes de barbilla

Si tu barbilla retraída no es causa de un desalineamiento, entonces los implantes de barbilla son una buena solución.

Los implantes pueden estar hechos de silicón o de una sustancia porosa como el PTFE y los puede cortar el cirujano para que ajusten perfectamente. Se aplica anestesia tópica local antes de hacer la incisión, que puede ser por debajo de la barbilla o por dentro de la boca. Inmediatamente se crea una bolsa en la parte frontal del hueso de la barbilla y ahí se inserta el implante. De forma alternativa, el implante se puede fijar al tejido o al hueso.

El procedimiento debe durar alrededor de una hora. Los efectos secundarios son hinchazón, moretones y cierto adormecimiento. Si la incisión fue por dentro de la boca, entonces estarás a base de líquidos. La higiene oral es esencial.

Se puede llegar a adherir una cinta para mantener el implante en su lugar, mientras dure la hinchazón, aunque esto conlleva mayor riesgo de migración o infección.

Los costos del procedimiento varían desde $35 000 hasta $50 000.

Rellenos inyectables

Los rellenos inyectables (como el calcio hidroxiapatita) no son permanentes, pero son una forma muy buena de evaluar si verdaderamente quieres el implante. Normalmente se administran en dos sesiones de 15 minutos. Los resultados son sutiles, pero pueden ayudar a mejorar el perfil.

Este tratamiento puede durar hasta dos años, hasta que el cuerpo reabsorba el material.

Los rellenos cuestan como $5000 por jeringa.

$$ Salón de belleza y maquillaje

Corte de cabello

Evita los cortes de cabello a la barbilla, ya que jalan la mirada hacia esta área. Puedes intentar el cabello largo o corto, en capas o chino —estos cortes dan volumen, lo cual puede hacer menos visible la mandíbula retraída—. Los hombres tienen la opción de usar barba.

Maquillaje

Las mujeres pueden utilizar el maquillaje para disimular la barbilla retraída. Aplica un poco de polvo bronceador o polvo de sombras en la línea de la mandíbula, difumínalo bien para que no queden marcas. Después aplica el resaltador en la parte alta de la barbilla para que sobresalga. Atención, el maquillaje de los ojos puede captar la atención de las personas hacia esta área, haciendo que la barbilla retraída sea casi imperceptible.

$ Estilo de vida y remedios naturales

Postura

Si mejoras tu postura, mejorarás tu perfil. Si mantienes la cabeza en alto harás que la barbilla se vea más prominente y que la atención se desvíe de la nariz. Esto también te alargará el cuello, reduciendo la apariencia de la papada.

Orejas prominentes

Las orejas prominentes o "de papalote" pueden ser una fuente de terribles burlas para los niños y pueden hacer que los adultos se sientan inseguros de sí mismo. La definición de una oreja prominente es que sobresale por más de 40 grados por el lado de la cabeza cuando se observa desde el frente.

Mucha gente aprende a vivir con esto, otras no y optan por la cirugía.

Una intervención temprana en un recién nacido puede corregir los problemas y evitar una cirugía posterior.

Otras condiciones como "orejas de Stahl", "orejas picudas", "orejas colgantes" y "orejas de copa" se pueden tratar sin intervención quirúrgica a una edad temprana o con cirugía cuando ya son personas adultas.

$$$ Procedimientos cosméticos

Otoplastía
La otoplastía o ("fijar" las orejas) es la cirugía cosmética pediátrica más común en el Reino Unido. No se puede realizar antes de los cinco años, ya que la oreja todavía es muy suave y maleable. En los adultos también puede ser muy exitosa.

Se puede administrar anestesia local o general y las incisiones se realizan detrás de la oreja. Si es que las incisiones se tienen que hacer al frente, se harán en donde haya pliegues naturales para minimizar la cicatriz.

Durante la operación el cartílago se dobla hacia atrás, en dirección de la oreja, para hacerlo menos prominente. En algunos casos es necesario cortarlo o moldearlo antes de doblarlo. Finalmente las incisiones se suturan, a menudo con puntos que se reabsorben.

Normalmente la operación dura alrededor de 90 minutos.

Es común que se utilice un vendaje por una semana después de la operación y se recomienda dormir con una banda en la cabeza por seis semanas. Esto mantiene las orejas dobladas en su lugar y minimiza el riesgo de que la oreja se atore en algún lado.

Durante la recuperación deberás evitar cualquier deporte de contacto.

Ésta es una operación muy común, así que los riesgos son mínimos, pero incluyen: pérdida de sensibilidad en la piel de la oreja, sangrado e infecciones. Una infección seria puede llegar a dañar el cartílago, lo que podría significar una operación posterior correctiva; sigue todas las recomendaciones y asiste a tus citas posoperatorias.

Los resultados son inmediatos, sin embargo espera una mejora no una transformación.

Las deformidades como "orejas de Stahl" también se pueden corregir con esta cirugía.

El costo del procedimiento es de $30 000 a $60 000.

$$ Salón de belleza y maquillaje

Moldeo neonatal

El moldeo neonatal es otra opción para corregir las orejas prominentes. En este procedimiento se inserta una tablita suave en la cavidad del oído para darle la forma deseada.

En los recién nacidos este proceso durará algunas semanas, pero en bebés de tres meses puede durar hasta cuatro meses. Lo mejor es realizarlo en los recién nacidos, ya que no se quitarán la cinta y el cartílago es más suave y moldeable. Este proceso no es tan accesible para los adultos, ya que las cintas pueden ser vergonzosas y podría tomar hasta un año sin la garantía de un buen resultado.

$ Estilo de vida y remedios naturales

No hay opciones de estilo de vida que puedan ayudar con las orejas prominentes.

Cuello de pavo

El cuello y las manos son la revelación más grande de nuestra edad cuando estamos tratando de lucir más jóvenes. Para la mayoría de nosotras el cuidado de la piel se detiene en la línea de la mandíbula y la delicada piel del cuello y escote se olvida.

El primer paso para prevenir el cuello de pavo es que incluyas el cuello en tu rutina de cuidado de la piel.

El segundo paso es que lo cubras con bloqueador, igual que la cara. Esto prevendrá las manchas por la edad o pecas que normalmente salen como consecuencia del descuido en esta área.

Por último, si utilizas maquillaje considera correrlo hasta el cuello y escote. Esto te dará una cobertura más natural y también te protegerá de los rayos UV y contaminantes ambientales que pueden dañar las células de la piel y causar envejecimiento prematuro.

$$$ Procedimientos cosméticos

Los levantamientos de cuello normalmente se realizan con los de la cara y frente. Existen siete tipos de procedimientos para tratar el cuello de pavo.

Tendrás que pagar entre $50 000 y $100 000 por cualquier tipo de procedimiento para levantar el cuello.

Platismoplastia

La platismoplastia ataca el problema de la piel colgada asociada con los músculos del cuello que pierden firmeza con la edad.

El procedimiento comienza con anestesia local. El cirujano hace dos incisiones —una debajo de cada oído— y probablemente una tercera justo debajo de la barbilla. Los músculos del cuello (o platisma) se tensan o se acortan y se fijan en su lugar con suturas. Este procedimiento se puede hacer endoscópicamente, utilizando una pequeña cámara. Esto hace que el procedimiento sea más corto y reduce los riesgos y efectos secundarios.

Cervicoplastia

La cervicoplastia se lleva a cabo cuando el problema es la piel flácida. Este procedimiento es lo mismo que la plastimoplastia, con la diferencia de que aquí es la piel la que se tensa, se corta y se sutura. Normalmente se les recomienda a los pacientes utilizar un vendaje por algunas semanas después de la operación para ayudar a la sanación.

Los efectos inmediatos de estas dos operaciones son moretones e hinchazón. El periodo inicial de recuperación dura dos semanas.

Evita hacer esfuerzos y deportes por seis semanas. La infección y el sangrado son un riesgo en todas las operaciones mayores, así que toma tus precauciones durante el periodo de la recuperación.

Liposucción

La liposucción (ver páginas 34 y 80) es recomendada para eliminar el exceso de grasa en el cuello.

Durante este procedimiento la incisión se hace normalmente por debajo de la barbilla y la operación toma cerca de una hora. La liposucción se puede hacer en conjunto con la plastimoplastia o cervicoplastia o incluso las dos.

Cabestrillo plástico subcutáneo

Una reciente innovación es la inserción de un cabestrillo plástico subcutáneo hecho de GORE-TEX. El cabestrillo se extiende de oreja a oreja. Esto tensa los músculos del cuello y se puede ir ajustando en un futuro con un procedimiento muy rápido que involucra reabrir las incisiones de los lóbulos de la orejas y tensar el cabestrillo.

En ocasiones este procedimiento puede causar infección e inflamación.

Levantamiento con hilos

El levantamiento con hilos (ver página 33) es otra opción. Se pueden remover inmediatamente si hay complicaciones.

El procedimiento cuesta alrededor de $25 000 por área tratada.

Otros tratamientos

El láser Titán utiliza luz infrarroja para estimular la producción de colágeno y tiene cierto éxito contra el envejecimiento del cuello. Se requieren varios tratamientos y la mejoría se podría notar en varios meses.

El costo del láser va desde los $9000.

Las inyecciones de Botox (ver página 25) relajan los músculos del cuello, de aquí que se reduzca la apariencia de las líneas verticales.

Los costos van desde $5000 por inyección.

El thermage es menos invasivo y puede dejar la piel luciendo y sintiéndose más firme y rejuvenecida.

Los costos van desde $25 000

$$ Salón de belleza y maquillaje

Cremas

Busca las cremas que contengan ingredientes humectantes intensivos como el aceite de aguacate, manteca de karité y vitaminas para la piel A, C y E.

Las hormonas de las plantas y las proteínas o extractos del arroz también aseguran tener propiedades para la firmeza y las puedes encontrar en algunas cremas para cuello.

El Retin-A o Tretinoína también es efectivo, pero sólo está disponible con prescripción médica.

$ Estilo de vida y remedios naturales

Ejercicio

El ejercicio vigoroso es bueno para el tono muscular de toda la piel.

Toma mucha agua y come mucha vitamina C —los dos ayudarán a tu piel.

Aquí te presentamos un ejercicio que ayudará a tensar los músculos del cuello:

Inclina la cabeza hacia atrás hasta que veas el techo. Haz esto despacio, cuenta hasta diez y regresa despacio tu cabeza a la posición normal. Repítelo regularmente. Sentirás que tus músculos se contraen.

Imperfecciones en la nariz

La nariz es uno de los elementos faciales más prominentes y si creemos que es defectuosa es porque nos fijamos demasiado en ella. La forma de la nariz, en gran medida, está determinada por la composición genética, aunque los patrones de crecimiento anormal y traumas físicos la pueden desfigurar.

De tal manera que no nos debe sorprender que la rinoplastia o "trabajos de nariz" sea la cirugía cosmética con más demanda en el mundo. La gente se puede obsesionar por una nariz larga, las narinas floreadas, el puente muy prominente y una nariz caída, éstos son sólo algunos ejemplos.

$$$ Procedimientos cosméticos

Rinoplastia

Si sientes que no puedes vivir con tu nariz, entonces la rinoplastia es el procedimiento más recomendado. Muchos cirujanos tienen una gran experiencia en este campo, así que es relativamente seguro, además normalmente los resultados son predecibles. Un buen cirujano se mantendrá apegado a tu origen étnico y estructura ósea, esto es que observa cuidadosamente a sus pacientes antes y después de la cirugía. La rinoplastia sólo se practica en adultos, ya que la nariz sigue creciendo hasta los 13 años.

El cirujano te dará una mejor versión de tu nariz —no una nueva—. Es esencial que tengas expectativas realistas.

El procedimiento toma de dos a tres horas y comienza con una anestesia general. Las incisiones se hacen por dentro de la nariz o a través de los tejidos que separan las narinas. Esto se llama columela.

Se separan la piel y los tejidos y se levantan para poder permitir el acceso al cartílago, el cual se rediseña, se rebaja o aumenta para lograr la forma y perfil deseado.

El cartílago de arriba se rebaja, incluso para sacar un puente redondo o saltón o para reducir el tamaño de la nariz. La pulpa —entre las narinas— también se puede cortar al tamaño. El cartílago alar al final de la nariz se puede moldear o incluso cortar para reducir una nariz de bola o caída. Las narinas se pueden reducir cortando pequeñas áreas del tejido y la piel, utilizando los pliegues naturales para disimular la cicatrización. Si es que la nariz tiene que ser agrandada, entonces se toman pedazos de cartílago de la oreja o costillas para construirla.

Una vez que se tiene la forma y tamaño completos, la piel y los tejidos se bajan a su lugar. Se insertan tubos internos que funcionan como férulas y normalmente se dejan por una semana. También se necesitan férulas externas.

Es muy común que después de la rinoplastia hayas sangrado y probablemente te pedirán que no te suenes por algunos días, ya que el tejido necesita asentarse. Evita el ejercicio de contacto por lo menos durante seis semanas. Los moretones e hinchazón durarán por dos o tres semanas. La hinchazón puede aparecer durante un año que es el tiempo que la nariz necesita para acostumbrarse a su nueva forma.

Normalmente las cicatrices son mínimas.

Existen dos complicaciones serias de una rinoplastia: Daños al ojo, si es que se toca el conducto lagrimal, así que pide protección para los ojos; y meningitis debido a las posibles lesiones en la nariz durante la operación. Los síntomas incluyen dolores de cabeza, sensibilidad a la luz y rigidez en el cuello. Debes saber que en ocasiones al principio los adultos no presentan síntomas.

Los costos van desde $50 000 hasta $100 000.

$$ Salón de belleza y maquillaje

No existen productos de belleza que te ayuden a cambiar la forma de tu nariz, pero sí hay trucos con maquillaje y tu estilista que te pueden ayudar a disimular una nariz imperfecta.

Peinados

Evita el cabello corto o muy lacio, ya que enfatizan las características de la cara. Mejor intenta traerlo medio o largo y con un poco de volumen. Las ondas en el cabello dan la impresión de anchura en la cara y esto hace que la atención se distraiga de la nariz.

Gafas

Las gafas también pueden mejorar la apariencia de una nariz, incluso si no los necesitas, un buen par de marcos con cristales claros te pueden levantar mucho.

Maquillaje

El maquillaje también ayuda. Utiliza un polvo bronceador a los lados de la nariz para lograr que luzca más delgada y pequeña. Difumínalo con la brocha.

Haz que los ojos sean lo más llamativo en tu cara, utilizando brillo y colores dramáticos. Los ojos muy juntos enfatizan la nariz, así que sigue estos consejos para separarlos:

Comienza por aplicar una sombra con luz en las esquinas interiores de los ojos, esto abre los ojos. Aplica una sombra oscura en la tercera parte del párpado, jalándola hacia la ceja. Después aplica resaltador en el hueso de la ceja.

El delineador y máscara de pestañas deben ser más marcados en las esquinas exteriores del ojo, con esto se alarga el ojo. Por último, aleja las cejas de la nariz utilizando un lápiz de cejas.

$ Estilo de vida y remedios naturales

Sólo recuerda que aunque tu nariz sea un problema para ti, no lo es para los demás. Lo más importante que debes hacer es concentrarte en todos los puntos buenos que tienes y dejar de hacer comentarios negativos acerca de ti, y tratar de desarrollar confianza en ti misma.

Dientes

Asociamos los dientes blancos, derechos y perfectos con una buena salud y juventud —y los dientes manchados y dañados con la enfermedad y vejez.

Nada es menos atractivo que una sonrisa café llena de hoyos, por esto muchas de nosotras decidimos pagar para obtener una sonrisa con dientes blancos.

Un estudio reciente de la Academia Británica de Belleza encontró que una tercera parte de nosotras está preocupada por la apariencia de nuestros dientes, mientras que una quinta parte está tan avergonzada de su sonrisa que ni siquiera sonríe en las fotos. Unos buenos dientes no son sólo una apariencia estética. Las mujeres asocian una linda sonrisa con una personalidad cálida, mientras que los hombres lo hacen con el éxito. Para mantener una dentadura sana asegúrate de que gozas de buena salud y come alimentos ricos en calcio (construye dientes fuertes) y fósforo. Evita las bebidas gaseosas, ya que pueden filtrar el fósforo del cuerpo.

Para mantener los problemas al mínimo, cepilla tus dientes dos veces al día con una buena pasta con flúor y cambia tu cepillo de dientes cada seis meses. También debes tener consultas regulares con tu dentista.

Dientes descoloridos

Existen diferentes causas para la decoloración. La más común es el proceso de envejecimiento, en donde los dientes se vuelven amarillos o cafés. Las bebidas de color como el café, té y vino tinto también son responsables de la decoloración. Además el tabaco tanto masticado como fumado mancha los dientes.

La fluorosis dental, causada por la excesiva ingestión de fluoruro, puede terminar en dientes oscuros y moteados. Esto puede ocurrir en adultos y en recién nacidos cuando sus madres tomaron mucho fluoruro durante el embarazo. Las tetraciclinas pueden poner los dientes grises —especialmente en los niños pequeños, ya que su esmalte no está completamente desarrollado—. Esto también puede ocurrir en los recién nacidos si su madre tomó tetraciclina durante el embarazo.

Los dientes grises o rosados pueden ser el resultado de una lesión o endodoncia.

$$$ Procedimientos cosméticos (Odontología cosmética)

La odontología cosmética ha crecido mucho y el blanqueamiento de dientes es uno de los procedimientos más pedidos.

Limpieza ultrasónica

La limpieza ultrasónica es un método muy sencillo y efectivo para abrillantar los dientes. Se utiliza una escala de punta que vibra suavemente para levantar la placa, el sarro y hasta las manchas de los dientes, ésta no daña el esmalte.

Microdermoabrasión de esmalte

La microdermoabrasión de esmalte remueve la fluorosis y es un tratamiento muy seguro. Se hace una pasta con una mezcla de ácido clorhídrico y partículas de carburo de silicio y se frota en los dientes. Esto remueve las manchas del esmalte.

Blanqueamiento

El blanqueamiento se ha vuelto muy popular. Esto hace que tus dientes sean algunas tonalidades más claras. El tratamiento comienza con una consulta con tu dentista, quien tomará algunas impresiones de tus dientes y encías.

Primero se aplica un gel o una goma de protección en las encías para evitar el daño del agente blanqueador (normalmente peróxido de hidrógeno y/o carbamida). El agente blanqueador se aplica vía la impresión que se tomó de tus dientes.

Se necesitan una o dos sesiones y el tratamiento se continúa en casa, donde el agente blanqueador se aplica en los dientes (nuevamente con la ayuda del molde) durante la noche.

Los costos van a partir de $4000 por toda la dentadura.

Blanqueamiento láser

Aquí el láser activa los ingredientes de la pasta y hace el proceso más rápido y efectivo.

El blanqueamiento con láser va desde $7000 por toda la boca.

Los efectos secundarios del blanqueamiento incluyen sensibilidad a lo frío y algunas incomodidades en las encías. Todo esto deberá desaparecer rápidamente.

Después del blanqueamiento evita los malos hábitos que decoloran tus dientes o terminarás donde empezaste.

Carillas

Si la decoloración es muy grave para los tratamientos blanqueadores, entonces puedes intentar las carillas. Éstas son coberturas súper delgadas —algo como las uñas postizas— que se pegan directamente en la parte dañada del diente, logrando así una sonrisa limpia y blanca. Las carillas normalmente se hacen de porcelana o cerámica, aunque también se pueden hacer de materiales compuestos que se aplican y construyen directamente en los dientes. Se pegan a los dientes con ayuda de una resina de cemento; ya que resultan sorprendentemente blancas comparadas con los otros dientes, es buena idea hacerlas en varios dientes (o en todos) al mismo tiempo.

Las carillas (especialmente las de porcelana) pueden ser muy delicadas y si no se colocan bien pueden hacer que los dientes se vean más largos de lo que son; por lo tanto, es muy importante que consigas un buen dentista cosmético y que te muestre trabajos que previamente haya realizado.

Las carillas cuestan alrededor de $1500 por diente.

$$ Salón de belleza y maquillaje

Existen en el mercado muchas pastas de dientes blanqueadoras y estuches, sólo ten cuidado con lo que compras. Si tienes dudas, lee la etiqueta.

Evita la piedra pómez, ya que es abrasiva y mientras remueve cierta decoloración también estará dañando tu esmalte. Esto solamente hará que tus dientes sean más débiles y aún más propensos a mancharse.

Bicarbonato de sodio

El bicarbonato de sodio es un ingrediente muy utilizado en las pastas dentales y además es muy seguro. No te dará una súper blancura, pero sí removerá las manchas de tus dientes.

Bandas blanqueadoras

Las bandas blanqueadoras son de plástico y normalmente están cubiertas con una sustancia que contiene hidrógeno de peróxido. Estas bandas se deben colocar en los

dientes y dejarlas allí por 30 minutos. Puede haber áreas
que no se blanqueen.

Estuches caseros de blanqueamiento

Los estuches caseros de blanqueamiento comprenden
una bandeja y un agente blanqueador. Sin embargo,
éstos no están hechos para amoldarse exactamente a
tus dientes, lo cual puede terminar en un desastre. Por
otro lado, el aplicarte hidrógeno de peróxido en las
encías te puede causar llagas y mucha sensibilidad. El
blanqueamiento siempre debe ser realizado por un profesional para garantizar un resultado que sea bueno y
seguro.

Cepillos de dientes eléctricos

Los cepillos eléctricos pueden alcanzar hasta 7000 movimientos por minuto —que son mucho más de los que tú
puedes hacer—. Los cepillos de dientes sónicos tienen
una acción limpiadora extra que le da a tus dientes una
limpieza más rigurosa comparada con los cepillos eléctricos.

$ Estilo de vida y remedios naturales

Cepillado regular

Cepilla tus dientes por lo menos dos veces al día durante dos minutos para remover toda la placa y residuos
de comida. Cualquier dentista estará feliz de enseñarte la
mejor forma de hacerlo.

Si verdaderamente deseas tener unos dientes blancos debes evitar las sustancias que los manchan y dejar de fumar.

Dientes chuecos

Los dientes chuecos pueden ser el resultado de problemas de encías, tener demasiados dientes para el tamaño de tu boca, chuparse el dedo o usar chupón después de los tres años y lesiones faciales —o bien, puede ser un rasgo hereditario.

Los dientes chuecos también pueden ser causados por una mandíbula desalineada (referirse a "mandíbula retraída", página 118, sección de tratamientos quirúrgicos).

En los peores casos los dientes chuecos pueden causar problemas dentales, como dolor al masticar.

$$$ Procedimientos cosméticos

Ortodoncia

La ortodoncia es el método tradicional para corregir los dientes chuecos. Esto sólo es posible para las personas que ya tengan todos sus dientes y no sufran de problemas de encías, ni de caries, ya que si no, éstos se pueden exacerbar.

El ortodoncista tomará rayos X para poder hacer un diagnóstico. Incluso puede sugerir sacar algunos dientes si es que ése es el problema. Los braquets están hechos para ajustarse exactamente al diente. Estos braquets (hechos de metal, cerámica o plástico) se pegan en la parte frontal del diente junto con un cable que irá jalando los dientes y acomodándolos en su lugar. El cable se tensará y jalará en intervalos regulares. El tratamiento no es doloroso y casi puede ser invisible si se usan braquets de cerámica.

Existen los braquets linguales que se colocan por atrás del diente y son aún menos perceptibles. Éste es un tratamiento de largo plazo y el resultado final puede tomar hasta dos años.

No importa qué tipo de braquets hayas usado, es probable que al final el ortodoncista te pida utilizar un retenedor por las noches durante varios meses para mantenerlos en su lugar.

La higiene oral es fundamental. Tu ortodoncista te dirá como dejar los dientes limpios.

Los costos van desde $10 000 hasta $50 000.

Braquets invisibles

Los braquets invisibles son relativamente nuevos, son de un plástico claro y por lo tanto son virtualmente invisibles. Como en los braquets tradicionales, éstos fuerzan tus dientes a acomodarse en una mejor posición. Los braquets invisibles son hechos a la medida del paciente y se tienen que cambiar cada dos semanas.

Como en los braquets tradicionales se necesitan citas semanales durante seis semanas para asegurase de que los dientes se están moviendo adecuadamente. Los braquets invisibles se utilizan casi todo el tiempo, sólo se quitan para comer, beber o limpiarlos. Los braquets tradicionales se usan todo el tiempo.

Los costos van desde $30 000.

Carillas

Las carillas es la tercera opción (ver página 138).

Modelador dental

Si los dientes no están muy chuecos, pueden ser tratados con un modelador dental. Esto es relativamente rápido y barato comparado con la ortodoncia. El doctor comienza tomando unos rayos X para establecer si hay suficiente espacio entre las áreas de la pulpa de los dientes para poder proceder. Se utiliza un láser o un lijado para remover pequeñas capas del esmalte hasta que se tenga la forma adecuada. También se pueden utilizar entre los dientes bandas abrasivas para crear una apariencia más suave y pulida. Para finalizar esto, vas a necesitar carillas (que se construyen sobre el diente).

Este procedimiento también se puede utilizar para tratar dientes astillados, agrietados o sobrepuestos, generalmente requiere entre una y tres sesiones de tratamiento.

Los costos van desde $1000 por diente.

$ Salón de belleza y maquillaje

No existen productos de belleza que puedan tratar de forma efectiva los dientes chuecos.

$ Estilo de vida y remedios naturales

Hay muy poco que hacer para evitar los dientes chuecos. Sin embargo, la mejor forma de mantener tus dientes sanos es limpiarlos regularmente, llevar una buena dieta y evitar sustancias que los manchen.

Sonrisa de encías

La "sonrisa de encías" es una condición en la cual se muestra una gran cantidad de encía al reírse. Esto hace que tus dientes se vean más pequeños y tus encías muy grandes y puede ser una razón para que muchas de nosotras evitemos sonreír ante una cámara.

La sonrisa de encías es normalmente hereditaria, aunque también puede ser causada por una respiración crónica por la boca. Esto provoca que la encía se reseque, enrojezca y empiece a crecer sobre el diente. Otras causas incluyen los efectos secundarios de algún medicamento para la epilepsia, tratamiento de ortodoncia y rechinar los dientes.

$$$ Procedimientos cosméticos

Eliminación del tejido de encías

Normalmente la gingivectomía suele ser suficiente para erradicar un problema menor de encías. En este procedimiento se remueve el exceso de tejido de encía con un bisturí y bajo anestesia local. No se necesitan puntadas y normalmente las encías sanan en dos semanas, logrando que el diente se vea más largo y la encía más pequeña.

El exceso de tejido también se puede remover con rayo láser, el cual cauteriza las heridas, sellando los vasos sanguíneos.

La radiocirugía es otra opción, y utiliza una alta frecuencia de 4 MHz.

Para las encías más pronunciadas, el tejido puede ser levantado quirúrgicamente para lograr una línea más alta y estética de encías. Este procedimiento sí requiere puntadas y se retiran una o dos semanas después de la cirugía.

La cirugía cosmética de encías cuesta entre $2000 y $4000 por diente.

Carillas
Nuevamente necesitarás las carillas para terminar el tratamiento, ya que la parte nueva expuesta del diente no tendrá el mismo esmalte. Este procedimiento tendrá que esperar hasta que termines todo el proceso de recuperación.

Coronas
Si el problema es rechinar los dientes, entonces tal vez los dientes se tengan que alargar aplicando coronas. Las coronas o tapas se pueden utilizar para mejorar el aspecto de los dientes rotos o partidos, así como para aquellos que se han reducido de tamaño por rechinarlos. Como

sea, las coronas sólo se recomiendan cuando el diente es muy débil o se ha reducido tanto que no puede soportar las carillas, ya que el diente original y sano se tiene que retirar parcialmente.

El procedimiento comienza con la administración de anestesia local. El cirujano dental le da una nueva forma al diente y lo rebaja para poder acomodar la corona, utilizando un instrumento dental llamado "fresa". Se toma una impresión del diente reducido y se manda al laboratorio dental, en donde crean una corona a la medida. Esto toma cerca de tres semanas; mientras tanto usarás una corona provisional.

Las coronas pueden estar hechas de cerámica, porcelana o de un metal fusionado con la porcelana. Las coronas de porcelana y cerámica son sólo para los dientes frontales, ya que las de base de metal con el tiempo empezarán a verse en la línea de la encía. Cuando la corona definitiva esté lista se quita la provisional y con el diente poroso y el cemento, la corona quedará bien adherida.

Una corona de buen material deberá durar de diez a quince años.

La colocación y el material de una corona cuestan alrededor de $5000.

Medicación
El agrandamiento de las encías puede ser consecuencia de algún medicamento, de ser así, intenta con otro medicamento o si puedes hacerlo, déjalo. En tal caso las en-

cías retrocederán a su posición normal. De no ser así prueba algún procedimiento de los anteriores.

Mucosa de revestimiento

Por último, si la razón para una sonrisa de encías es una línea de los labios alta, esto se puede remediar con un procedimiento quirúrgico conocido como MR (Mucosa de Revestimiento). Éste es un proceso muy sencillo y exitoso.

Una vez que se administró la anestesia local, el tejido de la encía de atrás del labio superior se vuelve a unir para inhibir el movimiento del labio. Para ser candidato a esta operación es necesario poder cerrar la boca bien sobre los dientes, de otra forma la operación no dará los resultados esperados.

Uno de los efectos secundarios de esta operación es un labio superior tenso.

El costo aproximado es de $15 000.

$$ Salón de belleza y maquillaje

No existen productos de belleza que puedan aliviar la sonrisa de encías.

$ Estilo de vida y remedios naturales

No hay cambios en tu estilo de vida que puedas realizar para aliviar la sonrisa de encías.

Encías retraídas

Las encías retraídas hacen que el diente se vea más largo, ya que deja más espacio al descubierto. Las causas pueden ser la edad y falta de higiene oral —si dejas partículas de comida entre los dientes éstas provocarán la proliferación de bacterias, que pueden conducir a encías inflamadas y probablemente a enfermedades periodontales.

Gingivitis es el término utilizado para describir las encías inflamadas y probablemente sangrantes; checa que tu cepillo de dientes después de usarlo no tenga rastros de color rojo o rosa.

La enfermedad periodontal puede ser muy seria, ya que puede hacer que el diente se afloje y se caiga. También se puede ir comiendo la estructura de tu hueso, lo cual haría que no tuvieras suficiente fuerza para sostener la dentadura.

Otras causas para las encías retraídas pueden ser rechinar los dientes en exceso, fumar, dientes desalineados, masticar tabaco y poca higiene oral. El traer perforaciones en los labios o lengua también pueden contribuir a este mal.

Las encías retraídas, así como las enfermedades en las encías pueden hacer muy sensibles y dolorosos tus dientes. En un nivel más serio, pueden estar relacionadas a condiciones cardiacas y a padecimientos de diabetes, así que checa con tu dentista y médico de cabecera si tienes alguna duda.

$$$ Procedimientos cosméticos

Agente desensibilizante

Si tus encías son sensibles, tu dentista las puede tratar con un agente desensibilizador, como el gel fluorado. También se te recomendará utilizar de manera continua una pasta de dientes para la sensibilidad. Esto formará una capa protectora sobre tus dientes si no te enjuagas antes de lavarte.

Guarda de noche

Si es que rechinas los dientes por la noches, tu dentista te puede dar una guarda de noche.

Ortodoncia

Si los dientes desalineados son la causa de las encías retraídas, entonces un tratamiento de ortodoncia podría ser exitoso (ver página 141).

Desbridamiento

Si quieres limpiar tus dientes a profundidad, puedes optar por el desbridamiento, el cual toma cuatro sesiones. El doctor limpia un cuarto de tu boca en cada sesión. En algunas ocasiones se administra anestesia local antes de comenzar.

El desbridamiento involucra desincrustar (la placa y el sarro de la superficie del diente), alisado radicular (rincones en que las bacterias viven) y pulido (en donde la superficie del diente comparte y alberga con las bacterias).

La limpieza profunda se puede llevar a cabo dos o tres veces al año. Esto no resolverá las encías retraídas, pero te aseguro que tus dientes estarán saludables y la recesión se detendrá.

El desbridamiento puede costar alrededor de $2000 por cada cuadrante de la boca.

Cirugía de injerto de encías

Si la recesión de encías está muy avanzada, la cirugía de injerto de encías es la opción. En este procedimiento, el tejido se toma de algún otro lugar de la boca y se utiliza para tapar las raíces expuestas, mientras todavía está adherido al torrente sanguíneo. La piel también se puede tomar de la parte alta interna de la boca (el paladar) y se sutura. Esto mejorará la apariencia de la línea de encías.

Los costos van desde $2000 por diente.

$$ Salón de belleza y maquillaje

No existen productos de belleza para aliviar las encías retraídas.

$ Estilo de vida y remedios naturales

Se recomienda un cepillo de dientes suave. Los dientes se deben cepillar suavemente y seguido, tal vez varias veces al día. El hilo dental es muy importante, ya que removerá partículas de comida y alejará las bacterias. Las consultas regulares con tu dentista —quizás cada tres meses— asegurarán que cualquier problema en potencia sea detenido a tiempo.

Fumar es una causa de encías retraídas, así que si fumas, déjalo ahora mismo.

Cabello

Solemos asociar el cabello fuerte y brilloso con la juventud, vitalidad, fertilidad y belleza. Y asociamos el cabello delgado, gris y sin fuerza con la edad, enfermedad y miseria.

Gastamos miles de pesos en nuestro cabello y la frase "mi pelo tiene un mal día" en verdad quiere decir que nada está bien con nosotras.

En promedio tenemos 100 000 cabellos en la cabeza, cada uno con una duración de vida entre dos y siete años y con un promedio de crecimiento de 12 cm por año.

El cabello de las mujeres crece más despacio que el de los hombres, pero con la edad los dos sexos van perdiendo el cabello y la velocidad en el crecimiento. Para los 50 años, casi la mitad de todos los hombres sufren por la pérdida de cabello. Al tiempo que con la menopausia el 40% de las mujeres sufren por la misma causa. A partir de los 50 años, la melanina, que es la que produce el color del cabello empieza a faltar, dando como resultado el cabello gris.

Sin embargo, existen un montón de productos y tratamientos para cada tipo de problema, desde el cabello sin fuerza hasta la pérdida del mismo.

Pérdida de cabello (hombres)

El patrón de pérdida de cabello en los hombres puede comenzar a finales de sus veintes, pero normalmente se empieza a adelgazar el cabello en los treintas o principios de los cuarentas.

Esto es causado por la dihidrotestosterona o DHT —derivado de la testosterona, la hormona responsable de las características sexuales primarias y secundarias de los hombres—. La DHT hace que el folículo se encoja y debilite, haciendo que los ciclos de crecimiento sean mucho más cortos y el grosor del cabello mucho más delgado (especialmente en la coronilla y sienes) hasta que eventualmente los folículos dejan de producir cabello.

El patrón de calvicie en los hombres normalmente es hereditario y no hay mucho que se pueda hacer para prevenirlo, aunque el estrés, la mala alimentación y las enfermedades lo pueden acelerar.

Existen otras causas para la pérdida de cabello en los hombres, algunas son la falta de hierro (anemia), estrés severo, ciertos medicamentos e infecciones de hongos en el cuero cabelludo.

Si tu pérdida de cabello no corresponde al típico patrón de coronillas y sienes, sino se caracteriza por todos lados, entonces vale la pena consultar a tu médico para descartar cualquier otra posibilidad.

La calvicie puede ser motivo de un sinfín de bromas, pero es algo que va más allá, especialmente si eres joven.

Esto puede causar una baja autoestima o incluso llevarte a la depresión, ya que se aleja de cualquier prototipo de belleza (¡aunque hay muchas mujeres que opinan lo contrario!).

Existen muchos tratamientos disponibles para la pérdida de cabello, sólo que no funcionan igual para todos. Hasta ahora no se ha inventado la cura para el patrón de calvicie en los hombres, así que lo mejor es saber lidiar con esto.

$$$ Procedimientos cosméticos

Cirugía de trasplante de cabello
Esta cirugía es una opción, pero es muy cara. Además se necesita estarla repitiendo conforme avanza la calvicie, si no, quedarán espacios vacíos en el cuero cabelludo.

Si estás considerando este procedimiento consulta a un profesional debidamente calificado, que esté registrado en la Sociedad Mexicana de Dermatología y en la Sociedad Internacional de Trasplante de Pelo.

Un tricólogo te puede decir la razón de tu calvicie y el mejor tratamiento para ésta, incluyendo el mejor tipo de cabello a trasplantar.

Después, debes hablar con tu cirujano y exponerle tus expectativas acerca de esto. Un trasplante de cabello, sin importar el costo, sólo reducirá los hoyos de calvicie —no regenerará, ni te dará cabello nuevo y fuerte.

El trasplante de cabello ha avanzado mucho en las últimas décadas, sobre todo en la forma en que se realiza. Los terribles "peluquines" de los 70 (que parecían alfombras) han sido remplazados por mini o incluso micro injertos, en donde los cabellos son insertados en agujeros no más grandes que un alfiler. Los injertos de cabello se cosechan no sólo con el folículo, sino con una pequeña parte de la piel en donde crecen y esto lo utilizan para remplazar la pequeña parte de piel en donde el folículo está muerto.

Estos injertos normalmente se toman de la parte trasera de la cabeza del paciente, aquí el cabello es más grueso y casi no se cae.

El área donante que es resistente a la calvicie, se recorta antes de escoger el área para cosechar. Esta sección, normalmente amplia, llena de folículos pilosos, se corta y se sutura la incisión.

El cabello se peina hacia el lado de la herida del área donante y ésta se vuelve casi invisible rápidamente. Incluso cuando el cabello sea peinado hacia otra dirección sólo se verá como una franja de calvicie.

El tejido que se ha recortado se disecciona en mini y micro injertos. Éstos se adhieren en pequeñas incisiones, en las áreas con calvicie, siguiendo un patrón irregular para que se vea más natural.

Normalmente la técnica del cirujano es usar el micro injerto para crear una línea de cabello y los mini injertos (que comprenden de tres a seis cabellos) detrás de la línea del cabello. Podrías necesitar entre 250 a 3000 injertos, dependiendo del tamaño del área que se desee tratar. Es por esto que el precio puede variar tanto.

Después de la cirugía, el paciente tendrá el cabello muy cortito, el cuero cabelludo estará rojo y con costras que desaparecerán pronto y el cabello empezará a crecer.

Los siguientes trasplantes se harán para evitar los hoyos del proceso de calvicie.

El precio de la cirugía de trasplante de cabello va de $30 000 a $ 120 000.

$$ Salón de belleza y maquillaje

Minoxidil

El minoxidil es un producto muy popular para reducir la pérdida de cabello. Originalmente se formuló como un tratamiento farmacéutico para la presión alta, sin embargo los efectos colaterales (en algunos casos) eran la desaceleración de la pérdida de cabello o incluso el crecimiento del mismo.

En realidad nadie entiende cómo funciona, pero la fórmula que contiene cinco por ciento de Minoxidil ha probado ser efectiva en áreas pequeñas de calvicie en hombres menores de cuarenta años.

Según las estadísticas se ha demostrado que funciona en dos terceras partes de las personas que lo han intentado. A algunas les crece mucho cabello, a otras poco y fino y otras no tienen cambios.

Los efectos secundarios son salpullidos, dolores de cabeza y palpitaciones, todos pueden ser debidamente tratados.

Finasteride

Otro producto muy popular es el Finasteride; éste funciona bloqueando la enzima que causa la conversión de la testosterona en DHT, así que (en teoría) si no hay DHT, no hay pérdida de cabello.

El Finasteride sólo se puede conseguir con prescripción médica y viene en tabletas. Se debe tomar regularmente para obtener los efectos permanentes. Se necesitan de tres a seis meses para empezar a ver la mejoría y ésta se detiene después de seis a doce meses de suspenderlo.

Los efectos secundarios, aunque es raro, son un poco más serios que el Minoxidil. Éstos incluyen: baja de actividad sexual, disfunción eréctil, sensibilidad y distención del pecho, salpullido, dolor testicular e hinchazón de los labios y cara.

Todos estos efectos secundarios desaparecen en cuanto se deja el medicamento.

Antiandrógeno

Los antiandrógenos funcionan utilizando medicamentos hormonales para bloquear la acción del DHT, sólo se deben utilizar bajo supervisión médica.

Los anti DHT funcionan previniendo la conversión de la testosterona en DHT; están disponibles en cremas para cabello o lociones. Inhairit y Revivogen son dos ejemplos.

Los anti DHT tienen efectos secundarios muy leves o no tienen.

Tratamiento de superóxido dismustasa

El tratamiento de superóxido dismustasa (SOD) bloquea los superóxidos que se producen cuando la acción del DHT detona una respuesta inmune en el cuero cabelludo. Los superóxidos tratan a los folículos pilosos como cuerpos extraños y los atacan.

En teoría, si utilizas SOD, para deshacerte de los superóxidos, previenes el ataque a los folículos y por lo tanto la caída de cabello. En muchos casos los SOD también estimulan el crecimiento del cabello.

Es un tratamiento tópico y tiene varias presentaciones, incluyendo Folligen y Tricomin.

$ Estilo de vida y remedios naturales.

Si se te cae el cabello de acuerdo al patrón de calvicie de hombres, entonces hay muy pocas cosas que puedes hacer para prevenirlo o detenerlo. Todo se lo debes a los genes.

Si es por otras causas, entonces hay varias cosas que puedes hacer.

Suplementos de hierro

La anemia es causada por la falta de hierro en la dieta; éste es un problema muy fácil de remediar, toma suplementos que contengan hierro. Tu médico te los puede recomendar.

Infecciones de hongos

Las infecciones de hongos se resuelven muy fácilmente con medicamento antihongos. Pregúntale a tu doctor.

Estrés

El estrés se puede controlar y los libros de autoayuda pueden ser una buena herramienta. Tu médico te puede guiar.

Los efectos secundarios

Si tu pérdida de cabello es debido al uso de ciertos medicamentos, consulta a tu médico para posibles alternativas.

Dieta balanceada

Como en todo, una buena alimentación balanceada (con proteínas, frutas y vegetales) y ejercicio regular te ayudarán a tener una buena salud y a cuidar tu cuero cabelludo.

Productos para el cabello

Existen muchos productos para darle volumen al cabello delgado, algunos no se enjuagan. Tu estilista te puede dar buenos consejos.

Corte de cabello

Por último, un buen corte de cabello te puede ayudar a disimular el impacto de la calvicie. El pelo largo con áreas calvas no se ve bien, esto maximiza los espacios sin cabello.

El pelo corto reduce el contraste con las áreas de calvicie, además de hacerte ver limpio y saludable.

Pérdida de cabello (mujeres)

Que la mujer pierda cabello es mucho más raro que el hombre, pero no por eso menos devastador. En general se experimenta un adelgazamiento del cabello o parches de calvicie por toda la cabeza. No se nota en la línea del cabello ni en la coronilla, lo cual es típico de los hombres.

La alopecia areata es la pérdida de cabello causada por una enfermedad autoinmune que hace que los glóbulos blancos ataquen a los folículos; esto causa que el crecimiento del cabello sea muy lento y en ocasiones se detenga. Esta enfermedad no mata los folículos, lo cual permitiría que el cabello creciera en un futuro y así suele suceder.

Por el momento no existe cura para la alopecia areata, pero normalmente desaparece sin tratamiento.

El adelgazamiento del cabello también puede ser producido por las hormonas del embarazo, la menopausia y una dieta muy severa. Esto no se nota inmediatamente, hasta que aparece un exceso de cabello en el cepillo o en la coladera de la regadera, de igual forma esto desaparecerá por sí solo. En el caso del posparto puede llegar a durar hasta un año.

No todos los problemas de pérdida de cabello en las mujeres se resuelven naturalmente y el prospecto de calvicie puede ser aterrador, bajar el autoestima y conducir a una depresión.

$$$ Procedimientos cosméticos

Desafortunadamente el trasplante de cabello no es recomendado para las mujeres, ya que los parches de calvicie pueden ser áreas muy grandes y el adelgazamiento del cabello es general; además, el largo del cabello representa otro problema.

$$ Salón de belleza y maquillaje

Minoxidil

El Minoxidil está disponible en formulas especiales para las mujeres. Aunque las advertencias aplican de la misma manera que en los hombres (ver página 157). Este medicamento puede funcionar, aunque no para todas las personas.

Finasteride

El Finasteride no se recomienda para las mujeres que están embarazadas o intentándolo, ya que puede dañar al bebé. Un gran número de mujeres han formado parte de un estudio clínico para ver si funciona este producto, y los resultados han sido favorables. Sin embargo estas mujeres también han tenido que tomar pastillas anticonceptivas para evitar embarazarse. El Finasteride continúa restringido para las mujeres debido a los riesgos que conlleva.

Champús que dan volumen

Se recomienda el uso de champú y acondicionador para las mujeres embarazadas o menopáusicas, ya que le dan cuerpo y volumen al cabello delgado y así se minimiza el impacto de la pérdida de cabello.

Pelucas y postizos

Seis de cada diez mujeres que usan pelucas o postizos no tienen pérdida de cabello, simplemente quieren lucir atractivas y diferentes. Ve con un especialista en pelucas.

Si la pérdida de cabello es en áreas muy específicas, puedes optar por los postizos que son hechos a la medida del cliente. El postizo removible se agarra del cabello que está alrededor o del cuero cabelludo, utilizando pegamento por los dos lados y se puede quitar en las noches. El postizo permanente tiene un adhesivo formulado para resistir actividades vigorosas, el baño y nadar.

$ Estilo de vida y remedios naturales

Dieta saludable

Una dieta muy severa con deficiencias de hierro puede contribuir en ciertas ocasiones a la pérdida de cabello, así que una dieta rica en hierro —incluyendo hígado y riñón, vegetales de hoja verde, productos de soya, ácidos grasos, proteínas y zinc— puede hacer una gran diferencia. Puede tomarte varias semanas ver el resultado, pero continúa.

Peinarte

El peinarte demasiado puede debilitar el cabello y llevarte a una pérdida mayor del mismo, también evita las decoloraciones y permanentes. En lugar de eso utiliza colorantes naturales (henna) que puedes conseguir en tiendas de productos para el cabello. Evita la secadora y el cepillarte muy fuerte, trata de darle un masaje semanal a tu cuero cabelludo para estimular el fluido sanguíneo.

Exceso de cabello

Ver vello facial (página 110) para conocer los métodos para remover el exceso de vello en el cuerpo.

$$$ Procedimientos cosméticos

Son efectivos el tratamiento láser (página 110) y la electrólisis (página 111).

$$ Salón de belleza y maquillaje

Depilación con cera (página 111), cremas depilatorias (página 91), rasurarse (página 113), decoloración del vello (página 112).

$ Estilo de vida y remedios naturales

Hay muy poco que cambiar en tu estilo de vida para remover el exceso de vello en el cuerpo.

El exceso de vello en el cuerpo y facial pueden ser un síntoma del Síndrome del Ovario Poliquístico (SOP). Si tienes alguna sospecha de sufrir este síndrome acude con tu médico. Otros síntomas incluyen, sobrepeso, periodos irregulares, cabello muy delgado y acné.

Cuerpo

Nunca ha sido fácil lograr un cuerpo hermoso, si tienes el dinero, lo tendrás con los avances de la cirugía cosmética. Si no tienes el dinero, la única manera posible es llevar un estilo de vida saludable y activo.

Para aquellas que tienen una familia demandante y un ambiente de trabajo frenético, sabemos que un "simple" cambio en su estilo de vida puede ser una de las cosas más difíciles que pueden intentar.

En teoría todo lo que necesitas para mejorar tu salud es comer un poco más de fruta y hacer un poco más de ejercicio. Pero para algunas personas el lograr un estilo de vida sano requiere de una drástica reorganización de tiempo, cambiar de trabajo o "hablar seriamente" en casa. ¿Tú por qué crees que la industria de productos dietéticos es tan lucrativa? No hay soluciones fáciles, ni rápidas. A menos que te puedas pagar una cirugía.

Sin embargo, puede haber cambios en tu estilo de vida a largo plazo que terminarás disfrutando, ya que te proporcionarán una mejor vida, aunque sea duro al principio.

Sobrepeso

El tener sobrepeso puede destruir la autoestima y provocar todo tipo de problemas médicos en un futuro —incluyendo enfermedades coronarias, diabetes tipo II y algunos tipos de cáncer.

Si tienes sobrepeso, no eres la única.

La Organización Mundial de Salud calcula que para el 2015, 2.3 billones de personas sufrirán de sobrepeso y que 700 millones de ellas serán obesas. El sistema de Índice de Masa Corporal (IMC) es el más preciso para establecer tu peso ideal. Para calcular tu IMC, se toma tu peso en kilogramos y se divide por el cuadrado de tu peso en metros. Si tu resultado es entre 18 y 25, entonces tu IMC es ideal. Si tu resultado está por arriba de 25 tienes sobrepeso, si resulta más de 30 eres obeso.

Si quieres perder peso tiene que quemar más calorías de las que consumes diariamente hasta que bajes de peso. Después puedes mantener tu peso cuidando tu dieta.

$$$ Procedimientos cosméticos

La cirugía sólo es para aquellos que están exageradamente pasados de peso y que no tiene la capacidad de bajar sin alguna ayuda seria. La cirugía bariátrica tiene dos modalidades: bypass gástrico y banda gástrica. Ninguna cirugía está libre de riesgos y llegar con sobrepeso las incrementa considerablemente.

Bypass gástrico

El bypass gástrico —también conocido como engra-par el estómago— reduce la cantidad de comida que ingieres y la cantidad de comida que absorbes. Con esto es posible perder hasta dos terceras partes de tu peso en un periodo de dos años, utilizando este procedimiento.

La operación del bypass gástrico dura entre una y cuatro horas y requiere de anestesia general.

Los bypass gástricos Diversión Biliopancreática y en Y de Roux, trabajan engrapando el estómago para crear una pequeña bolsa, la cual se cuelga en una desviación del intestino delgado en forma de Y, consiguiendo de esta manera una saciedad precoz por el componente restrictivo, más una absorción que añade eficacia a la técnica.

Sin embargo, la pérdida de peso no es automática y debes apegarte a un estricto régimen (en ocasiones de medicamentos) de dieta, el cual incluye vitaminas suplementarias. También debes comprometerte a seguir un programa específico de ejercicio. Si continúas comiendo comida con grasa y con mucha azúcar probablemente no perderás nada de peso.

La recuperación de un bypass gástrico incluye varios días en el hospital y dieta líquida. Después vendrá un periodo de recuperación de cinco semanas en el que seguramente sentirás tu estómago muy inflamado y adolorido.

El procedimiento va desde los $100 000.

Banda gástrica

La banda gástrica se considera un poco menos invasiva porque es una cirugía en la cual se puede instalar la banda a través de una laparoscopía. El procedimiento toma de 30 minutos a una hora. El cirujano hace pequeñas incisiones en la parte baja del abdomen para poder insertar el instrumento que colocará la banda en su lugar y así se crea una pequeña bolsa en la parte alta del estómago.

Esta pequeña bolsa fuerza al paciente a realizar comidas de menor cantidad y a masticar mejor, de otro modo, se sentirá mal o se enfermará.

Éste es un procedimiento permanente. Por supuesto, se requiere de un estricto régimen de alimentación para poder ver los resultados.

Los precios de la banda gástrica van desde los $70 000.

Balón intragástrico

El balón intragástrico es aún menos invasivo. Se inserta un balón en el estómago y se llena con una solución salina de 400 a 700 cc. Como la banda gástrica, el balón fuerza al paciente a comer menos.

Este procedimiento cuesta alrededor de $60 000.

Liposucción

Si solamente se trata de deshacerse de los depósitos de grasa en áreas como las caderas, muslos, barbilla, quijada, parte alta de los brazos y abdomen, entonces la liposucción es una opción muy recomendable. (Ver páginas 34 y 80.)

Esto no hará que una persona obesa se vuelva delgada, pero sí puede hacer que una persona obesa se sienta mejor con su cuerpo.

Después de la anestesia general, se inserta una cánula de acero en una pequeña incisión en el lugar del problema y la grasa se va quebrando, removiendo y absorbiendo con una máquina.

La liposucción tumescente es una variación del método tradicional. Aquí se inyecta un fluido a la grasa, el cual ayuda a separarlo del músculo, haciendo así más fácil removerlo. Con esto también se reduce la pérdida de sangre.

En la liposucción ultrasónica (UAL, por sus siglas en inglés) la cánula emite energía ultrasónica, la cual disuelve la grasa, haciendo así más fácil removerla.

Normalmente la liposucción causa inflamación y moretones, así que después de la cirugía se te pedirá utilizar medias de contención para acelerar la retracción de la piel. Los resultados son permanentes, así que si vuelves a ganar peso la grasa sólo se acumulará en las áreas que no han sido tratadas.

Los efectos secundarios incluyen daños nerviosos e infecciones.

Una liposucción regular cuesta desde $20 000. El costo de la liposucción UAL va desde $40 000.

Lipodisolución
Las inyecciones de disolución de grasa son otra opción, aunque no está muy claro cómo funciona. Parece que

emulsiona la grasa, la cual es luego reabsorbida por el sistema linfático y excretada.

El ingrediente activo de las inyecciones es el fosfatidilcolina (PC) que se deriva de los granos de la soya. A diferencia de la liposucción, estas inyecciones no remueven permanentemente las células de grasa, así que si vuelves a ganar peso volverá a ser en las áreas ya tratadas.

Las mejoras van a ser evidentes a partir de la cuarta sesión, éstas duran 45 minutos cada una.

La lipodisolución va de $3000 a $8000 por sesión.

$$ Salón de belleza y maquillaje
Ver los productos para celulitis en la página 79.

$ Estilo de vida y remedios naturales
Perder peso a través de una dieta saludable y ejercicio normalmente es lo mejor y más barato. Algunos dirían la única opción sensata.

Mantén la cabeza ordenada
Las personas que logran cambiar su estilo de vida, no se ponen "a dieta". Las personas que se ponen "a dieta" piensan que se pueden "salir" de la dieta. "La empiezo el lunes". Olvida ese tipo de pensamientos. Tienes que cambiar la manera en que comes y piensas en la comida para SIEMPRE o si no serás una de las personas que pierde peso y luego gana más. (En un estudio que realizó la UCLA encontró que después de dos años 85% de las personas a

dieta habían recuperado lo que habían bajado y además habían ganado un 50% más.)

No te engañes diciendo que tienes un metabolismo lento. Estás gorda porque consumes muchas calorías. Tú has de pensar que no comes tantas, pero si no, ¿qué estás comiendo? O quizás tengas una dieta saludable... que no es tan saludable. Sé totalmente honesta con lo que comes y lleva un registro de esto.

La cirugía para bajar de peso quizás te quite la gordura que siempre has odiado, pero el hábito de comer en exceso se quedará. No busques esa falsa felicidad que te dará el ser delgada, porque ser delgada no significa necesariamente ser feliz.

Si crees que comes en exceso por un problema emocional, porque te reconforta y te hace sentir bien, entonces vas a necesitar un poco de ayuda extra. Existen muchos grupos de apoyo y tu doctor quizás te pueda recomendar alguno.

Si en tu vida hay cuestiones estresantes que te hagan sentir la necesidad de reconfortarte con comida, debes sacarlas lo antes posible. No puedes hacer dos cosas al mismo tiempo, es muy difícil. Los obstáculos en el camino son parte del proceso —no una razón para rendirse. Eres humano, no robot.

Sé amable contigo misma —no hables cosa negativas de ti—. Esa vocecita en tu cabeza que dice "Nunca lo lograrás", "te ves horrible" desaparécela de una buena vez. Tú no les hablarías así a tus amigas, entonces no lo hagas contigo.

Consigue ayuda

Si sientes que necesitas ayuda, apoyo u alguno que otro regaño bondadoso, entonces podrías intentar integrarle a un grupo de ayuda para adelgazar. Hay organizaciones como Weightwatchers (www.weightwatchers.com) y muchos más que te pueden servir. Todos estos grupos te ayudan a mantenerte firme y te darán una dieta variada con alimentos saludables. No usan trucos.

El estar con otras personas en la misma situación —en línea o en clases— te puede dar mucho apoyo en los momentos en que ves tu peso ideal tan lejos o si lo que has bajado es muy poco y no te satisface.

Come saludable

Opta por comidas pequeñas y continuas, nunca te saltes el desayuno porque es el que activa tu metabolismo en la mañana.

Come muchas frutas, verduras y comida alta en fibra (como el pan integral, arroz negro, pastas integrales, avena, frijoles y legumbres). Evita la leche entera y mantequilla; asa las cosas en lugar de freírlas.

Come cinco colores al día. De hecho más de cinco, seis. Los vegetales tienen tan pocas calorías que los puedes comer libremente (a excepción de las papas y otros vegetales almidonados). Toma colaciones de frutas, en lugar de galletas.

Quita las harinas refinadas, azúcar y alcohol. Lee el índice glucémico, las grandes variaciones de azúcar en la sangre son malas y pueden exacerbar los antojos y cambios de ánimo.

Hábitos

El Dr. James Hill de la Universidad de Colorado y la Dra. Rena Wing de la Universidad de Pittsburgh en 1993 establecieron el Registro Nacional de Control de Peso; esto marcó que cerca de 3000 personas que habían perdido 14 kilos se mantuvieran en ese peso por un año o más. De acuerdo al Dr. Hill, se encontró que para "mantener el peso la gente debe cambiar su forma de acercarse al ejercicio y desarrollar nuevos hábitos." Se concluyó que los hábitos de las personas más exitosas eran:

- Comer comida baja en grasa y una dieta alta en carbohidratos.
- Desayunar todos los días.
- Monitorear regularmente el peso.
- Llevar un diario de la comida.
- Hacer una hora de ejercicio físico todos los días, a menudo sólo caminar.
- Y lo más importante, hacer de esto un comportamiento permanente.

Ejercicio

Es muy importante ejercitarse. Llevar a cabo por lo menos 30 minutos de ejercicio vigoroso tres veces a la semana. Lo que sea —pero asegúrate de que te gusta o si no lo dejarás—. Caminar de prisa es un buen comienzo y no te costará nada más que un buen par de tenis. Aún si no quemas cientos de calorías, el ejercicio es bueno para levantar el ánimo y te ayudará a aliviar ese deseo de comer.

¡Escoge la vida, no la comida!

Una última cosa, nunca utilices el estar gorda como una excusa para no hacer lo que quieres en la vida. Escoge la vida, ser activa y disfrutar, esto te ayudará a que la comida no tenga una importancia indebida en tu vida.

Físico no desarrollado

La delgadez y los músculos sin desarrollar pueden hacer que un cuerpo se vea insignificante y poco saludable. Muchas personas —en especial los hombres jóvenes— piensan que si no desarrollan su físico son indeseables y esto afecta su seguridad.

Hay opciones para ayudar a desarrollar el físico.

$$$ Procedimientos cosméticos

Implantes de pectorales

El implante de pectorales es una de las cirugías cosméticas más comunes entre los hombres. Los implantes le dan una mejor definición a los músculos existentes del pecho y pueden ser una solución para aquellos que simplemente no pueden desarrollar sus músculos, ya sea por genética o lesiones.

Los implantes son de silicón sólido y no se pueden romper. (Los implantes de senos se llenan con un fluido y sí se pueden romper.)

A pesar de que los implantes son sólidos, tienen cierto grado de flexibilidad y por lo tanto se sienten como un músculo real. Están disponibles en una gran variedad de formas y tamaños y también se pueden hacer a la medida.

Este procedimiento requiere anestesia general. El cirujano hace unas incisiones en las axilas, para minimizar las cicatrices, después crea una bolsa debajo de los músculos pectorales existentes e inserta el implante. El implante se sostiene en su lugar por suturas que se disuelven y luego las cicatrices internas resultantes son las que lo sujetan.

La cirugía toma una o dos horas. Puedes esperar un poco de incomodidad y dolor después de que se baje la anestesia, también experimentarás hinchazón y moretones por varias semanas.

Los riesgos son como los de cualquier operación: sangrado, infección y la acumulación de líquidos alrededor del implante. La aplicación del drenaje inmediatamente después de la operación prevendrá esto.

Estos implantes son permanentes.

Los implantes pectorales cuestan alrededor de $13 000.

Implantes de pantorrilla

Los implantes de pantorrilla son para aquellas personas que no pueden desarrollar estos músculos y sienten que sus piernas lucen desproporcionadas con el resto de su cuerpo.

Así como en los implantes de pectorales, el cirujano hace unas incisiones en los pliegues de la rodilla e inserta el implante de silicón en las bolsas que cubren el músculo gastrocnemio. Este músculo es de dos cabezas, así que normalmente se insertan dos implantes. Sin embargo, si el paciente tiene las piernas arqueadas sólo se necesita uno.

Después de la cirugía debes mantener los pies en alto por dos o tres días para disminuir la inflamación. También debes elevar las piernas por varios días cuando estés descansando después de la operación.

Un efecto secundario es que la piel que cubre el implante de inicio se puede poner brillante y estirada. Esto irá desapareciendo gradualmente y la piel terminará luciendo muy natural.

Los riesgos asociados con este procedimiento son los mismos que para los implantes de pectorales.

La recuperación total tomará seis semanas y el procedimiento es permanente.

Los implantes de pantorrillas cuestan alrededor de $35 000

Implantes de glúteos

Los implantes de glúteos están disponibles si quieres tenerlos más definidos o si son asimétricos.

Las incisiones se hacen a la mitad de los glúteos. Entonces el músculo del glúteo se levanta para permitir que el implante de silicón sólido sea insertado en una bolsa especialmente creada en el tejido.

Las suturas van a detener el implante en su lugar y se aplican vendajes por un corto tiempo.

Ya que normalmente pasas mucho tiempo sentado sobre los glúteos, la recuperación posoperatoria puede ser muy incómoda y requiere de seis semanas completas. Conforme los músculos se vayan estirando, la nalga lucirá más natural, aunque esto puede requerir varios meses.

El procedimiento es permanente.

Los riesgos asociados con este procedimiento son los mismos que con los implantes pectorales.

Los implantes de glúteos cuestan alrededor de $80 000.

$$ Salón de belleza y maquillaje

No existen productos de belleza para físicos no desarrollados.

$ Estilo de vida y remedios naturales

Desarrollar un músculo no es tan difícil como parece. Es innecesario pero te lo diré, nunca recurras al uso de anabólicos.

Gimnasio

La primera tarea es encontrar un buen gimnasio y un buen entrenador. Si vas a seguir un régimen de ejercicios focalizados tienes que aprender cómo hacerlos y entender cómo vas a ir midiendo tu progreso.

Así sólo necesitarás al entrenador cada cierto tiempo y podrás mantener los costos bajos.

Los ejercicios en que estás sentado y jalas la barra, los de levantar peso y las lagartijas son buenos para los pectorales.

Las elevaciones de pantorrilla son los mejores para desarrollar este músculo. Sin embargo, este ejercicio es duro y doloroso y requiere de mucha persistencia, ya que las pantorrillas son el músculo más difícil de desarrollar.

Entérate que los músculos crecen mientras descansas, no mientras entrenas; siendo así, si entrenas diario no obtendrás los resultados que quieres —más bien al contrario porque la fibra del músculo se rompe—. Puedes entrenar diferentes músculos cada día o hacer el trabajo completo en días alternados.

Una buena dieta es esencial. No te ocupes de esas bebidas para músculos, en lugar de eso, come variado y balanceado enfocándote en las proteínas magras (por ejemplo pescado blanco) y hierro (por ejemplo vegetales con hojas verdes).

Come muchos granos enteros, mantente bien hidratada y descansada.

Come poco y seguido, en lugar de tener comidas enormes tres veces al día. Evita la grasa y el azúcar lo más que puedas.

Las bebidas para deportistas se recomiendan mientras estás haciendo el ejercicio, ya que su combinación de carbohidratos y proteínas ayudan a reducir los daños musculares.

Aumento de senos

Muchas mujeres piensan que sus senos no se desarrollaron lo suficiente o que perdieron volumen después del embarazo y la lactancia. En consecuencia, se sienten menos femeninas y menos atractivas. Esto las puede llevar a sentirse tan mal que prefieren evitar usar ropa con escotes o trajes de baño.

La mastectomía puede hacer sentir a una mujer desolada por la pérdida del seno o a sentir que perdió parte de su identidad. La asimetría es otra razón por la cual una mujer puede buscar el aumento de senos.

La solución más común y obvia es el aumento de senos. Como en cualquier procedimiento quirúrgico toma tus precauciones al escoger a un médico reconocido y jamás tomes la decisión en base al precio.

También existen otros remedios además de la cirugía para los senos pequeños y senos flácidos.

$$$ Procedimientos cosméticos

Antes que nada debes pensar en el tamaño que quieres alcanzar, toma consejos sobre esto. Sería ideal si pudieras ponerte unas almohadillas del tamaño que deseas para ver cómo luce en proporción con el resto de tu cuerpo y no confíes en un cirujano que te diga que una copa doble D se vería bien en un cuerpo talla 7. Si tienes senos pequeños, incluso el aumento de una talla marcará una gran diferencia.

Implantes de senos

Busca un buen cirujano con muchas y muy buenas recomendaciones y ten cuidado al escoger el tamaño, la forma y el material del que están hechos tus implantes.

Los implantes de solución salina son los más comunes; se llenan con agua esterilizada que será reabsorbida por tu cuerpo sin daños si es que se rompen. La otra ventaja es que se pueden llenar ya colocados, lo cual da una mayor precisión.

Los implantes de silicón son suaves y líquidos, pero ya están rellenados. Los implantes de gel cohesivo son lo más nuevo —si se rompen el gel mantiene su forma—. También tienen la ventaja de dar una apariencia más natural al tacto y a la vista.

Todos los implantes vienen con una corteza de silicón exterior conocida como lumen.

La cirugía se lleva a cabo con anestesia general y toma una o dos horas. Normalmente las incisiones se hacen debajo de los senos, aunque se pueden hacer en las axilas o alrededor del pezón.

Los implantes se colocan, ya sea en una bolsa creada detrás del tejido del seno o en una bolsa creada detrás del músculo pectoral, junto a la pared del pecho. Cuando se trata de asimetría probablemente se necesite sólo un implante.

Las incisiones se suturan y se pegan para que se queden en su lugar y los senos se envuelven en gasas o brasiers quirúrgicos. La inflamación y los moretones duran algunos días. La recuperación total toma como dos semanas.

Las cicatrices pueden requerir hasta dos años para desaparecer por completo, aunque la tonalidad rojiza durará como seis semanas.

Los riesgos —además de los de cualquier cirugía— incluyen la ruptura del implante, lo que haría que el seno se vea inmediatamente desinflado. Esto sólo se puede corregir con otra cirugía.

La presencia de implantes de senos podría retardar el descubrimiento de cáncer de mama. Debes estar pendiente de esto y asegúrate de hacerte mamografías regularmente y de que tu radiólogo esté familiarizado con los implantes y el cuidado que se necesita en los rayos X.

Por último, un efecto secundario de los implantes de senos poco probable puede ser la pérdida de sensibilidad temporal o permanente.

Como los implantes no son permanentes, el tejido de los senos empezará a colgarse con los años, entonces necesitarás un levantamiento de senos en el futuro.

Los costos van de $70 000 a $100 000.

$$ Salón de belleza y maquillaje

Píldoras

Las tiendas de salud y sitios de Internet que venden productos a base de hierbas aseguran que esto hará crecer el tamaño de tus senos.

Las píldoras a base de hierbas aseguran utilizar los extractos de una planta que imita el estrógeno. El estrógeno estimula el crecimiento del tejido de los senos en la pubertad y durante el embarazo.

Los ingredientes de esas píldoras incluyen fenogreco (usada para la producción de leche en la lactancia), bayas de la serenoa (usadas para que crezca el tejido de los senos), extracto de raíz de cohosh negro, raíz de dong quai, cardo bendito, raíz de diente de león, hojas de berro, semilla de hinojo y alga marina.

Si es que respondes adecuadamente a estos ingredientes, entonces verás los resultados en un lapso de ocho semanas y el alcance máximo en seis meses.

Cremas para senos

Las cremas de senos claman trabajar estimulando el crecimiento del tejido de los senos. Los ingredientes activos son muy similares a los de las píldoras de hierbas. Ya que son tópicas pueden ser más seguras, generalmente requieren de aplicación diaria durante varios meses o más.

Ninguno de estos productos es recomendable para niñas en la pubertad o para mujeres embarazadas o en lactancia.

$ Estilo de vida y remedios naturales

Ejercicio

Ya que los senos están llenos de células de grasa, conductos de leche y glándulas, no hay ejercicio que pueda hacerlos crecer. Pero sí los puedes hacer lucir más grandes fortaleciendo los músculos que los sostienen.

Haz los mismos ejercicios que se recomiendan para los músculos pectorales (página 175 y 176). Noten que las mujeres que no quieren hacer un gran trabajo de músculos deben utilizar una pesa no mayor a los 2.5 kg.

Brasier

Tu elección de brasier también puede hacer una gran diferencia. Uno que te acomode bien y con la copa correcta puede hacer milagros.

Los brasiers con relleno son muy sofisticados y son ideales para aquellas que quieren un empujoncito hacia arriba cuando utilizan ropa con escote. Los brasiers rellenos de agua o gel dan una apariencia natural al tacto y a la vista y son muy cómodos. Una tienda departamental con un buen surtido de lencería podrá resolver todas tus necesidades.

Reducción de senos (mujeres)

Los senos que son muy grandes pueden provocar dolor en la espalda, cuello y hombros. Si se dejan de ese tamaño a la larga pueden causar serios problemas musculares.

Los senos que son más grandes de lo que se considera normal pueden producir una gran incomodidad mental y física. Se vuelve casi imposible encontrar ropa y brasiers adecuados, los tirantes del brasier dejan marcas rojas y profundas en los hombros y se va creando una falta de confianza que puede llegar hasta la depresión. Además los pliegues del tejido de los senos en el torso causan sudoración, dolor y hasta se pueden desarrollar infecciones de hongos.

Los deportes y actividades físicas se ven obstaculizadas, así como también una detección temprana del cáncer.

Por todas estas razones las operaciones de reducción de senos en ocasiones están disponibles en el sistema de salud nacional y si tú sufres de esto acude con tu médico antes de ir con el cirujano cosmético.

$$$ Procedimientos cosméticos

Cirugía de reducción de senos

La operación de reducción de senos (o mamoplastia de reducción) comienza con una extensa consulta en la cual se discute el tamaño y forma que quieres y los riesgos y beneficios de la cirugía.

La cirugía comienza con la administración de anestesia general. Se hace una incisión inicial alrededor del pezón, una segunda incisión de forma vertical hacia abajo, al pliegue debajo del pecho, y una tercera a lo largo del pliegue en forma de ancla. Si los senos son muy largos, los pezones se retiran por completo y luego se vuelven a colocar, lo que se conoce como injerto libre de pezón. Normalmente, sin embargo, el pezón se queda en su lugar pegado al tejido profundo del seno y sólo se reacomoda.

La aureola puede ser recortada si el cirujano considera que ahora es demasiado grande. El siguiente paso es remover el exceso de tejido del seno, ya sea con una disección o con liposucción. Si es necesario, la piel también se tiene que recortar.

Las suturas se hacen en el pliegue de abajo a lo largo, se hace abarcando varias capas de tejido; esto proporciona cierto soporte durante la sanación.

El procedimiento dura de dos a cuatro horas. Al principio la cicatriz es muy evidente y tu cirujano te debe advertir de esto. Se debe desvanecer por completo en dos años.

La inflamación y los moretones duran hasta dos semanas, después de este tiempo es posible ver el nuevo tamaño y forma de tus senos.

La mamoplastia de reducción conlleva ciertos riesgos; éstos incluyen cicatrices, pérdida de sensibilidad temporal o permanente, asimetría (incluyendo los pezones). Muchas mujeres son incapaces de amamantar después de esta cirugía, así que discute esto con tu cirujano si es que tienes en mente tener un bebé.

Los riesgos más severos incluyen pérdida total o parcial de la aureola y pezón, decoloración en la piel, cambios en el pigmento y daños a los músculos y tejidos subyacentes.

También puede afectar el resultado si subes de peso o te embarazas después de esta cirugía.

Muchas mujeres quedan muy satisfechas con el resultado de la mamoplastia y pueden enfrentar la vida con mucho más confianza y comodidad física.

Así como en los implantes de senos, la cirugía de reducción de senos va desde $60 000 hasta $120 000.

$$ Salón de belleza y maquillaje

No existen productos de belleza que puedan reducir el tamaño de los senos.

$ Estilo de vida y remedios naturales

Bajar de peso

Ver las páginas 169 a 172 para los consejos para perder peso. Los senos grandes pueden ser el resultado de sobrepeso, así que es imprescindible buscar el Índice de Masa Corporal adecuado. Si aún así tus senos son muy grandes y no puedes vivir con ellos, entonces la cirugía es tu opción.

Reducción de senos (hombres)

En los últimos años se ha incrementado la cantidad de hombres que buscan la reducción de senos provocado por una ginecomastia. Los senos de los hombres se desarrollan y no se debe confundir con un exceso de tejido grasoso provocado por la obesidad. La ginecomastia es una condición caracterizada por el desarrollo glandular del tejido del seno —similar al de una mujer— que tiene por resultado la formación de pequeños senos.

Los factores ambientales (como el incremento del uso de estrógeno como hormona del crecimiento en la industria de la carne y la excreción de estrógeno por las mujeres que utilizan píldoras anticonceptivas en el agua corriente) pueden ser los responsables, aunque la cuestión hereditaria también juega un papel importante.

Otras causas pueden ser cambios hormonales (la mayoría de los niños experimentan cierto tipo de desarrollo de senos durante la pubertad y desaparece en un año), el uso de medicamentos hormonales, consumo excesivo de alcohol, y hambruna.

Por otro lado, el desarrollo de los senos o de uno solo puede indicar un problema médico subyacente; de ser así consulta a tu médico antes de ir con el cirujano plástico.

Es comprensible que el crecimiento de los senos sea completamente vergonzoso, sobre todo en los jóvenes y que pueda conducir a una gran inseguridad y depresión.

La buena noticia es que se puede hacer algo al respecto.

$$$ Procedimientos cosméticos

Liposucción
Si es un caso de exceso de grasa depositada —pseudoginecomastia— se puede practicar una liposucción (ver páginas 34 y 170). Esto sólo se puede realizar si el paciente se encuentra en su peso ideal, el cual debe mantener.

La liposucción sólo involucra una incisión menor para insertar la cánula.

Cirugía

Si es que hay tejido glandular, la cirugía será más extensa. Empieza con anestesia general, después una incisión inicial alrededor del pezón, el cual se puede recortar para hacerlo más masculino. Se hace una segunda incisión más amplia en forma de ojo alrededor del área de los pezones y así el exceso de piel y tejido se puede remover.

Se suturan las incisiones y probablemente te pedirán que uses algo que ejerza cierta presión para ayudar a que la piel se retracte y le dé soporte. Las cicatrices son inevitables, pero deben ser mínimas, ya que están hechas con base en el contorno natural.

La inflamación y moretones durarán algunos días. Evita la actividad vigorosa por seis semanas. Los resultados finales los verás después de tres meses.

Los riegos son raros, pero en todo caso serían los mismos que están asociados con la reducción de senos de mujeres —la pérdida del pezón, pérdida de la sensibilidad temporal o permanente y asimetría—. Las pieles oscuras tienen más riesgo de cicatrices queloides (página 57).

La mayoría de los pacientes quedan muy satisfechos con los resultados de esta cirugía y reportan una mejor calidad de vida.

Los costos van de $40 000 a $70 000.

$$ Salón de belleza y maquillaje

No hay productos de belleza que puedan reducir el tamaño de los senos en hombres.

$ Estilo de vida y remedios naturales

Controla tu peso

Si tiene sobrepeso, entonces eres más propenso a desarrollar los senos. Trata de alcanzar tu peso ideal. Ver página 168 para consejos sobre bajar de peso.

Efectos secundarios

Si el peso no es un problema, pero estás tomando medicamentos, entonces pregúntale a tu doctor acerca de los posibles efectos secundarios del medicamento, incluyendo el desarrollo de senos femeninos. Si cambias o detienes el medicamento quizás detendrás el problema.

Senos caídos

La gravedad, bajar mucho de peso y el embarazo pueden resultar en senos caídos, péndulos deformados y pezones mirando hacia abajo.

$$$ Procedimientos cosméticos

Mastopexia (o levantamiento de senos)

La mastopexia se diferencia del aumento de senos sobretodo en que ésta se enfoca a la forma de los senos más que al tamaño. Sin embargo, el levantamiento de senos se puede hacer en conjunto con el aumento de senos (por ejemplo) después de un embarazo o lactancia en que los senos han perdido la forma, volumen y tono.

El objetivo principal del levantamiento de senos es darte unos senos más firmes y rejuvenecidos. Como su nombre lo indica este procedimiento consiste en levantar y reacomodar, lo cual también puede aplicar para los pezones o la aureola. Esto es más efectivo en los senos pequeños porque mientras menos tejido tengas, más fácil será levantarlo.

El procedimiento comienza con anestesia general. El cirujano hace el mismo patrón de incisión en forma de ancla como en el procedimiento de reducción de senos. Se levanta el pezón, mientras que continúa pegado al tejido profundo del pecho. Este tejido se reacomoda y el exceso de piel se remueve. En esta etapa, la aureola se puede recortar.

Se cierran las incisiones y se suturan en un patrón de capas, igual que en la reducción de senos.

Un levantamiento de senos dura en promedio entre una y tres horas.

Las cicatrices pueden ser significativas, pero deben desvanecerse rápidamente, en un lapso de dos años. Si la tonalidad rojiza o el tejido de la cicatriz continúan puede ser debido a tu tipo de piel más que a la habilidad del cirujano. Ambas se pueden ocultar muy bien aún en un traje de baño muy revelador.

La inflamación y los moretones durarán por varios días y probablemente te recomendarán utilizar un brasier quirúrgico. Los resultados serán visibles en un par de semanas y el dolor y la sensibilidad también desaparecerán en este tiempo.

Los riesgos son los mismos que para el aumento de senos (ver página 181), reducción de senos (ver página 185) e implantes de senos (ver página 182).

Los resultados no son permanentes y el proceso de envejecimiento puede causar que los senos se vuelvan a caer en un futuro. Se recomienda esperar a que tengas hijos para someterte a este procedimiento. Puedes minimizar los senos caídos si utilizas un brasier con buen soporte.

Un levantamiento de senos cuesta desde $60 000 y esto no incluye los implantes.

$$ Salón de belleza y maquillaje

Cremas para reafirmar el busto

Las cremas para reafirmar el busto son muy fáciles de conseguir. Estas cremas se aplican desde el área del pliegue de abajo del seno hasta el mentón —lo que se llama "soporte natural".

El escote —de donde empieza el corte de los senos hacia arriba— normalmente se descuida en las rutinas de cuidado de la piel y muy a menudo se daña por el sol y por manchas por la edad.

Aún peor, muy seguido esta área se estira y va hacia abajo por el embarazo y la fuerza de la gravedad.

Cualquier humectante puede ayudar, pero existen cremas especializadas en esta área que podrías intentar. Los ingredientes pueden ser aceite de germen de trigo (para humectar), rábano (para tonificar) soya, jojoba, y aceite de aguacate (para nutrir), coenzima Q10 (para acelerar la regeneración de células), glicerina (para hidratar) y té verde (por sus propiedades antioxidantes).

Una crema para reafirmar los senos no es una cirugía en un frasco, pero por lo menos mejorará el tono muscular de la piel en el área que va desde tu mentón hasta los senos.

Maquillaje

Si lo único que estás esperando es un levantamiento para alguna ocasión en especial, mejor toma los consejos de algunos artistas del maquillaje. Primero, exfóliate suavemente el área de "soporte natural", luego huméctate y aplica el maquillaje base de la cara —ideal si es mate—. Toma el polvo bronceador (el mismo de las mejillas) y aplícalo en el escote, ten cuidado de difuminarlo bien. Por último agrega un poco de brillos en las partes "altas" de los senos.

$ Estilo de vida y remedios naturales

Masaje

El masaje mejora la circulación y el drenaje linfático y mantiene la piel luciendo saludable y tonificada. Se debe hacer diario para notar la diferencia, pero además tiene el bono de que te familiarices con la forma de tus senos y que seas mucho más capaz de distinguir cualquier bolita que pudiera aparecer.

Aquí te damos algunas técnicas:

- Pon la mano al lado del pezón, luego aprieta las dos palmas contra el seno. Suelta y repítelo por cinco veces de cada lado.
- Soba el seno suavemente empezando cerca del pezón hasta que abarques toda la circunferencia. Repítelo tres veces.
- Utilizando tus dedos, muévelos hacia afuera del pezón en pequeños golpecitos hasta que completes el círculo. Inténtalo tres veces.

Ejercicio

El ejercicio no puede alterar el tejido del seno, pero al ejercitar los músculos de alrededor puedes mejorar su apariencia. Revisa los ejercicios recomendados para los músculos pectorales (ver página 175 y 176).

Bra

Un buen brasier con un buen soporte puede detener la caída de los senos. Es muy importante que durante la maternidad, el embarazo y la lactancia uses un bra que te ajuste bien. Fíjate en las tallas, ya que pueden cambiar conforme subes o bajas de peso, o con el nacimiento de un hijo. Nunca hagas ejercicio sin usar un brasier para deportes.

Muslos flácidos

Invariablemente con el tiempo la piel de los muslos se vuelve menos tonificada, flácida y con celulitis. La edad, la gravedad y los genes son el mayor problema, aunque también la sobreexposición a los rayos UV reduce la elasticidad natural de la piel y esto contribuirá al problema. Una dieta rigurosa y regímenes de ejercicio son las soluciones a largo plazo. Un levantamiento de muslos es la salida rápida, aunque tiene su dosis de dolor.

$$$ Procedimientos cosméticos

Para saber si eres candidata a un levantamiento de muslos, basta con que jales la piel de tus muslos, si se ve una gran mejoría, entonces eres candidata. El levantamiento de muslos los deja más delgados, con una apariencia más suave, mejora la tonificación de la piel y contorno general y a menudo se realiza en combinación con un levantamiento de glúteos y abdominoplastia.

El frente y los laterales se pueden tratar muy bien con la cirugía, pero la parte trasera es menos factible.

El procedimiento comienza con la anestesia general. El cirujano hace una incisión en la zona de la ingle (si es un procedimiento menor, pero si se necesita una operación mayor esta incisión inicial se puede extender hacia abajo, alrededor de los muslos.) Normalmente las cicatrices son discretas y se cubren con los pliegues naturales o con el calzón y traje de baño.

Para atacar la parte externa del muslo, se hace una segunda incisión, empezando en el área de la ingle extendiéndose hacia afuera a las caderas, en una línea similar al corte alto de un traje de baño.

Se separa la piel de la grasa y la grasa del músculo. Se remueve el exceso de grasa —ya sea por escisión o liposucción— se jala la piel hacia arriba y se corta el exceso. Se suturan las heridas incluyendo el tejido subyacente para poder soportar los nuevos contornos creados por el cirujano. Se pueden dejar unos drenajes temporales para remover el exceso de fluidos y se recomendará el uso de una malla que apriete para la hinchazón y la retracción de la piel.

Esta operación toma de una a tres horas. Una operación menor sólo necesitará analgésicos para el dolor y descanso en casa, mientras que una cirugía mayor necesitará varios días en el hospital, inyecciones para el dolor y catéteres. Los moretones e hinchazón durarán hasta un mes, la recuperación total es de cuatro a seis meses, aunque se puede regresar a trabajar y a realizar actividades vigorosas en seis semanas si no hay complicaciones.

Los riesgos incluyen daños nerviosos, pigmentación en la piel e infección.

La mayoría de las pacientes reporta una figura más suave y juvenil, aunque una dieta saludable y un régimen de ejercicio regular son esenciales para mantener esto.

Los costos van de $60 000 a $85 000.

$$ Salón de belleza y maquillaje

Cremas

Existen las cremas para los muslos, pero no hay evidencia de que funcionen. Por ejemplo, la aminofilina que era un medicamento para el asma bronquial, ahora asegura ser un disolvente de grasa que puede adelgazar los muslos. Los estudios comerciales están inconclusos. Esto podría causar una terrible reacción alérgica.

Cafeína

La cafeína clama ser un quebrador de grasa. Lo que en realidad hace es eliminar las células y así dar una apariencia más delgada que sólo es el resultado de una deshidratación temporal. Para el tratamiento de celulitis ver la página 79.

$ Estilo de vida y remedios naturales

Ejercicio

El ejercicio es fundamental para mantener los músculos tonificados. Podrías caminar, saltar la cuerda (diez minutos tres veces al día), hacer ejercicio aeróbico vigoroso y ejercicios de tensión muscular.

Yoga

El yoga también se recomienda y la práctica regular te dará muslos más delgados y mejor definidos.

Flacidez en los brazos

La flacidez en la parte alta de los brazos —también conocida como el "ala de vampiro"— es una de las primeras señales de la edad.

Este problema es causado por la edad y gravedad, pero la inestabilidad en el peso, subidas y bajadas, y embarazos contribuyen a su aparición. Fumar, llevar una dieta mal balanceada y el sedentarismo son estilos de vida que lo hacen peor.

Una buena dieta y ejercicio pueden ayudar en este problema, por lo menos al principio, pero una vez que el ala de vampiro está ahí es muy difícil desaparecerla, ya que es tejido suelto, no músculo.

La cirugía es una solución, pero no está libre de complicaciones.

$$$ Procedimientos cosméticos

Braquioplastia (o levantamiento de la parte alta del brazo)

La braquioplastia (o levantamiento de la parte alta del brazo) resulta en cientos de suturas y excesivas cicatrices que podrían no desaparecer por completo. La piel del cuerpo suele dejar más cicatrices a diferencia de la de la cara.

La cirugía comienza, ya sea con anestesia local o general, dependiendo del tipo de cirugía que hayas escogido, mayor o menor.

Normalmente el cirujano hace una incisión curveada en zigzag de la axila al codo por la parte interna del brazo. Esto resulta en una cicatriz muy larga y muy visible. Si es un procedimiento menor, entonces se hace una incisión con forma de sonrisa en la axila, lo cual puede ser suficiente.

Si el exceso de depósitos de grasa es un problema, entonces el tejido grasoso indeseable se removerá por incisión o liposucción. El tejido subyacente se suturará en su lugar para crear un nuevo contorno y sostener la piel.

Entonces la piel se tensa y se corta, el corte de la piel normalmente es triangular. Por último, se sutura la incisión y se pega para dar un soporte extra.

La cirugía toma de una a tres horas.

Justo después de la cirugía, sentirás presión en esta área del brazo y te pedirán que uses un vendaje para que dé soporte y reduzca la inflamación, así como para que ayude a la retracción de la piel.

Las puntadas se retiran en un lapso de dos a tres semanas y la recuperación total toma cerca de cuatro meses.

Los riesgos incluyen los mismos de cualquier cirugía, aunque puede haber un sangrado excesivo, entumecimiento e infección.

Cuestiones más extremas podrían ser necrosis de piel (el tejido muere) en la cicatriz. Si es que esto ocurriera, el tejido muerto se debe retirar quirúrgicamente en otra cirugía correctiva y remplazarlo con injertos de piel.

Como resultado de la necrosis o del exceso de tejido removido pueden resultar contornos indefinidos. Nuevamente se necesitaría otra cirugía.

A pesar del riego de las cicatrices, la cirugía de la parte alta del brazo suele ser exitosa y puede significar en un gran cambio en la apariencia del brazo.

La braquioplastia va desde los $40 000.

$$ Salón de belleza y maquillaje

Cremas

Existen algunas cremas para esta parte alta del brazo. Estos productos normalmente funcionan formando una capa sobre la piel que se encoje y se seca creando un efecto instantáneo de tonificación.

Los ingredientes incluyen extracto de almendras dulces (se dice que tiene un efecto de levantamiento en la piel flácida), péptidos de elastina (se dice que estimulan la producción de colágeno y le dan gran resistencia a la piel), hoja de uva y grosella negra (se dice que tienen proteínas reafirmantes).

Exfolia suavemente la parte alta de tus brazos con una esponja de fibras naturales, con movimientos circulares —esto estimulará la circulación y debes hacerlo antes de aplicarte la crema reafirmante.

Aunque las cremas para reafirmar pueden hacer que sientas la piel más firme y fresca, en realidad no reducen significativamente la apariencia de la piel flácida —especialmente en las ondas que se forman debajo de los tríceps.

Bronceado falso y bronceador

El bronceado falso puede ayudar a adelgazar los brazos, pero debes hacerlo con precaución. Primero exfóliate para suavizar las imperfecciones y luego aplícatelo lo más parejo posible, de preferencia con un guante. Si no tienes guantes, ¡lávate las manos inmediatamente!

Otro truco cosmético para aplicar el bronceador en esta área del cuerpo, es crear una "sombra" para hacer que los brazos se vean más delgados. Evita las mangas cortas. Las mangas largas con puños acampanados alargan los brazos y desvían la atención del área de arriba.

$ Estilo de vida y remedios naturales

Ejercicio

El ejercicio regular y vigoroso te mantendrá en forma y te ayudará a prevenir la flacidez de la parte alta de los brazos.

El remo (puede ser en una máquina en el gimnasio) es especialmente efectivo.

El yoga también es ideal, ya que hace tus músculos más largos y delgados y le da un mejor perfil a las piernas y brazos (incluyendo la parte alta del brazo). También te puedes estirar toda con los brazos arriba de tu cabeza y quedarte allí por 20 o 30 segundos, inténtalo varias veces al día.

Las lagartijas, levantar mancuernas de poco peso y bailar flamenco (por el movimiento de brazos) también son muy buenos para tonificar los músculos superiores de los brazos.

Rejuvenecimiento vaginal

El proceso de envejecimiento y los partos pueden causar que los músculos de la pelvis y vagina se vuelvan débiles y flácidos. Esto puede dar como resultado menos placer sexual y en algunos casos incontinencia leve o severa.

No sólo es una situación vergonzosa —puede arruinar relaciones, ya que destruye psicológica, sexual y socialmente la confianza de la persona—. La condición de resequedad vaginal a menudo es una consecuencia de la menopausia y también puede volver muy adversas las relaciones sexuales.

Para esto hay cientos de opciones disponibles, desde ejercicio hasta cirugía.

$$$ Procedimientos cosméticos

Existen dos principales procedimientos vaginales. La vaginoplastia que tensa los músculos vaginales y refuerza el canal de nacimiento y la labioplastia que remueve el tejido excesivo de los labios vaginales cuando son muy protuberantes. Esta condición pude causar gran incomodidad, dolor y dificultad durante la actividad sexual. La labioplastia también puede mejorar la apariencia de los labios distendidos o asimétricos.

Cualquiera de estos dos procedimientos dura de una a tres horas. Los riesgos incluyen sangrado, cicatrices, infecciones y pérdida de la sensibilidad temporal o permanente.

Vaginoplastia
La vaginoplastia comienza con anestesia local o general. El músculo se estira hacia la parte trasera de la vagina, se

une y se sutura; el exceso de piel se corta. Este procedimiento se puede hacer con un bisturí tradicional o con un bisturí láser. El láser puede ayudar a cauterizar la incisión y a que haya menos sangrado.

La vaginoplastia reduce el tamaño de la vagina y hace que los músculos se sientan más firmes; en algunas ocasiones se regresa la vagina al "estado pre-embarazo".

Después de la cirugía te sentirás sensible, aunque después de una semana estarás en tus actividades normales y en seis u ocho semanas podrás tener actividad sexual.

Labioplastia

La labioplastia involucra retirar el exceso de tejido de los labios, nuevamente se utiliza un bisturí tradicional o un bisturí láser.

Ya sea que el tejido se retire de las orillas de los pliegues de los labios o se haga una cuña en forma de V por debajo de los pliegues. Después el tejido de los labios se sutura en su lugar.

Te sentirás muy sensible después de la operación, evita la actividad sexual durante seis u ocho semanas.

Cada procedimiento puede costar de $50 000 a $90 000.

Inyecciones de grasa

Un procedimiento menos invasivo es cuando se utiliza grasa o ácido hialurónico como un relleno para levantar algún labio caído o el tejido alrededor de la uretra. El primer procedimiento es cosmético, mientras que el segundo tiene beneficios médicos.

Conos vaginales

Los conos vaginales son un producto que se promueve como una versión mejorada de los ejercicios de Kegel (ver página 206). Un cono vaginal es un pequeño dispositivo parecido a un tampón que termina muy ancho. Éste se coloca en la vagina y fuerza a los músculos a tensarse para mantenerlo en su lugar.

Esto se debe utilizar diario durante 20 minutos, mientras realizas tus actividades normales. Ya que eres capaz de mantenerlo en el primer cono, entonces puedes pasar al segundo, el cual será más pesado y así sucesivamente. Los conos vaginales no son una alternativa de los ejercicios de Kegel, pero te pueden ayudar a hacer los ejercicios de forma correcta y también puedes aprender a contraer los músculos cuando estornudas o toses o cuando sucede una ligera incontinencia.

Estimulación eléctrica neuromuscular

La estimulación eléctrica neuromuscular involucra la inserción de una sonda eléctrica en la vagina. A través de ésta se hace una descarga eléctrica que provoca la contracción y relajación de los músculos.

Se recomiendan sesiones de 20 minutos cada tercer día y existen unidades que se pueden utilizar en casa. Esto se puede complementar con los ejercicios de Kegel (ver página 206).

Sueros y geles

También existen productos que aseguran levantar tu vagina como los senos. Estos sueros y geles contienen fitoestrógenos o ingredientes a base de plantas que asemejan la acción del estrógeno, el cual estimula el crecimiento del tejido de los senos y tonifica el músculo vaginal.

$ Estilo de vida y remedios naturales

Hierbas

La pueraria mirifica (también conocida como Kwao Kwa) ha sido objeto de múltiples investigaciones científicas y parece ser muy efectiva en el tratamiento de los síntomas de la menopausia, incluyendo resequedad vaginal y pérdida de tono muscular. Algunos aseguran que el quejigo y el amla (la grosella de la India) también tienen resultados sorprendentes, aunque éstos son sólo algunos comentarios.

Ejercicios de Kegel

La solución más efectiva no quirúrgica para tratar los músculos flácidos de la vagina son los ejercicios pélvicos de Kegel. Estos ejercicios estimulan los músculos y con el tiempo se tonifican y estiran.

La técnica es muy sencilla una vez que sabes cómo hacerla. Imagina que estás tratando de contener una flatulencia y al mismo tiempo estás sosteniendo un chícharo. No detengas tu respiración, aprieta tus glúteos o junta las piernas con fuerza.

Mantenlo por diez segundos, tan fuerte como puedas, luego relaja por tres segundos. Repítelo diez veces. Diez repeticiones, diez veces al día van a hacer una gran diferencia; sé persistente, toma 12 semanas de hacerlo religiosamente para notar una diferencia significativa.

Baja de peso

Para esto también es importante mantener un peso saludable, ya que el sobrepeso ejerce cierta presión sobre el piso pélvico debilitándolo más adelante. Ver página 168 para consejos sobre cómo bajar de peso.

Alargamiento del pene

La cantidad de correos electrónicos basura que ofrecen alargamiento de pene, las píldoras de hierbas y los ejercicios manuales, en lugar de una cirugía, en un lugar horrible, apuntan al hecho de que muchos hombres se sienten a disgusto con el tamaño de su pene.

Sin embargo, los estudios demuestran que la mayoría de los hombres que dicen tener un pene pequeño están en el rango de lo normal, que es de diez a quince centímetros erecto y de seis a ocho centímetros cuando no. Más allá de esto, los penes demasiado grandes pueden causar problemas a la hora de la relación sexual con una mujer, ya que pueden chocar con el cérvix y causar un dolor bastante considerable.

Aún así, existen cientos de opciones para los hombres que no están felices con su tamaño del pene.

$$$ Procedimientos cosméticos

Faloplastia (o alargamiento del pene)

La faloplastia o alargamiento del pene es un procedimiento muy controvertido y hay clínicas que simplemente no lo hacen.

Esto es porque no está considerado que sea lo suficientemente efectiva y además de que se corren muchos riesgos.

Existen dos tipos de faloplastia —uno que alarga y otro que ensancha—. Nunca se deben realizar las dos simultáneamente y se debe considerar un buen tiempo entre cada una.

El procedimiento que alarga requiere de anestesia general. El cirujano hace una incisión en la raíz del pene y entonces lo corta de los ligamentos que lo sostienen, y los sujeta al hueso púbico. Esto hace que una parte interna del pene se vuelva externa. La incisión se cierra con grapas o juntando la piel.

La operación dura de 90 minutos a dos horas. El pene se envuelve en vendas y las heridas deben ser escrupulosamente limpiadas.

La inflamación durará algunos días, aunque puede ocurrir hinchazón intermitente hasta por seis meses.

Las actividades normales se pueden realizar en algunas semanas. Pero la actividad sexual se debe evitar por dos meses.

Después de la operación se recomienda usar una malla con cierto peso para evitar la retracción del pene y para estimular a que el crecimiento se vea más natural con el cuerpo del pene.

El crecimiento que se alcanza es máximo de tres centímetros, aunque se han llegado a reportar casos de cuatro o cinco centímetros.

Los efectos secundarios posibles son la retracción, infección, disfunción eréctil, cicatrices y pérdida parcial o total de la sensibilidad.

La faloplastia de ensanchamiento es un poco menos invasiva, aquí se puede inyectar grasa o cualquier otro relleno para darle un volumen al pene de hasta el 30% más.

Existen un gran número de opciones (incluyendo la transferencia libre de grasa) en donde la grasa es la cosecha de la liposucción de cualquier otra parte del cuerpo y se inyecta por debajo de la piel del pene.

De forma alternativa podría ser el tejido graso dérmico de la parte baja del abdomen en donde son dos porciones de grasa por una de piel, justo arriba de la línea del vello púbico o también justo debajo del pliegue de los glúteos.

Uno de los inconvenientes de esta técnica es que la grasa podría ser reabsorbida por el cuerpo con el tiempo. Esto te dejaría donde empezaste.

Los costos de la faloplastia son de $60 000 a $120 000.

$$ Salón de belleza y maquillaje

Existen miles de opciones, pero los doctores dicen "no". No van a funcionar y te pueden hacer daño. Toma nota

—la FDA nunca ha aprobado ningún producto para el alargamiento del pene.

Otros productos como las bombas para penes se deben utilizar con muchísima precaución. En realidad fueron creadas para la impotencia y funcionan colocando un pequeño cilindro de plástico que se une a una bomba que succiona sobre el pene. Esto puede provocar una gran erección, pero el efecto es temporal. El pene no se hace más grande y de hecho abusar de su uso o usarlo mal podría terminar —irónicamente— en disfunción eréctil.

Las mallas con peso u otras técnicas de colgar para alargar también podrían terminar en una disfunción eréctil.

$ Estilo de vida y remedios naturales

Conversa

Conversa con tu pareja —es una buena forma de ver tus miedos acerca del pene en otra perspectiva.

Si esto no funciona, habla con tu médico de cabecera para que te aconseje. Podría ser que estés reflejando tus miedos de otras áreas de la vida y focalizándolos en una sola cosa.

Baja de peso

Estar en un buen peso, tonificado y ejercitado hará que el pene luzca más grande (ver página 168), también te puedes recortar el vello púbico.

Manos

Las usamos todo el tiempo, siempre están visibles y a veces las descuidamos, mientras tanto tu cara se ve fresca, tu cuerpo delgado y tu cabello abundante; si no cuidas tus manos nada de esto lucirá perfecto.

El cuidado de las manos es casi nulo comparado con el de la cara y a menudo se nota. Normalmente las manos son el primer vestigio de la edad y esto se puede deber a la exposición al sol sin bloqueador; lo cual resulta en manchas de la edad, el tejido se adelgaza y las manos se avejentan antes que el resto del cuerpo.

$$$ Procedimientos cosméticos

Estimula el crecimiento de células nuevas
Las opciones para el rejuvenecimiento de las manos incluye el peeling químico, el cual puede ayudar al crecimiento saludable de células nuevas, eliminando las viejas.

La microdermoabrasión puede pulir la piel a través de la remoción de las primeras capas exteriores de la piel, dejándola más fresca y rejuvenecida.

El láser de rejuvenecimiento de la piel reduce las manchas por la edad, también las venas reventadas y algunas otras manchas.

Si quieres darles un poco de volumen a tus manos, entonces los rellenos inyectables como tu propia grasa y colágeno son una opción.

Los precios del piling químico y la microdermoabrasión van desde $1000.

El tratamiento láser cuesta de $8000 a $15 000.

$$ Salón de belleza y maquillaje

Exfóliate

La piel de las manos, así como la del resto del cuerpo se debe exfoliar regularmente para renovar las células y mantenerla fresca y limpia. Los productos que contienen ácidos alfa-hidróxidos (AHAs) funcionan muy bien, sólo que incrementan la sensibilidad al sol. Cualquier exfoliador de cuerpo es suficiente y se debe utilizar dos veces por semana.

Humecta

Una crema nutritiva para manos es esencial. Te la debes aplicar todos los días y de preferencia después de lavarte las manos, de lavar los trastes o si estás expuesta a un clima frío.

Busca que contenga ingredientes de humectación intensiva como el aceite de cáñamo, aceite de aguacate, aceite de coco y manteca de karité.

Para una mayor humectación aplícate una buena cantidad de la crema humectante y ponte unos guantes de algodón. Hoy en día muchas cremas humectantes vienen con un par de guantes. Utilízalos durante la noche y así tus manos recibirán una gran humectación que las mantendrá con una apariencia fresca todos los días.

Aclarantes

Los ingredientes como el ácido kójico pueden ayudar a aclarar las manchas por la edad, así como el extracto de margarita tiene propiedades de luminosidad. El Retinol también es un aclarante muy efectivo, pero lo debes utilizar con precaución porque la piel de las manos se va adelgazando con la edad.

$ Estilo de vida y remedios naturales

Protege tus manos

Si en la época de invierno usas guantes no sólo estarás calientita, sino también estarás protegiendo tus manos.

Utiliza guantes de plástico cuando laves los trastes o hagas cualquier otra actividad de limpieza, ya que los detergentes y limpiadores pueden dejarte la piel roja, con comezón y muy deshidratada.

Intenta el óxido de zinc, el cual es muy suave y de rápida absorción, como una barrera contra la contaminación y el clima.

Se recomienda usar bloqueador solar todo el tiempo —los rayos UV te dañarán la piel sin importar tus procedimientos de belleza por las noches.

Pies

Si utilizas zapatos con tacones altos muy seguido tus pies estarán dañados, desalineados y no querrás mostrarlos.

En general los pies se descuidan y entonces tienen un aspecto poco agradable, con grietas y callosidades en la planta.

Sin embargo, sólo necesitas un mínimo de cuidado regular para transformarlos en unos pies casi perfectos.

$$$ Procedimientos cosméticos

Los pies son una nueva área controversial dentro de la cirugía plástica que ciertos cirujanos respetables prefieren rechazar.

Se les ha llegado a pedir a los cirujanos que transformen los dedos de los pies y reduzcan su tamaño para crear "un efecto cascada" en el que los dedos vayan bajando de tamaño gradualmente. También ha habido peticiones de cirugías para levantar el arco, inyectar colágeno o botox en la planta del pie para adormecer el dolor al usar tacones altos y por último liposucción de los tobillos.

Ninguno de los procedimientos antes mencionados se recomiendan.

Acerca del colágeno y botox, sólo recuerda que el dolor es la única manera que tiene tu cuerpo de hacerte saber que algo anda mal, no debes correr el riesgo.

$$ Salón de belleza y maquillaje

Humectación

Una buena humectación en los pies debe incluir algo de menta o aceite del árbol del té, ya que los dos tienen propiedades refrescantes y desinfectantes. Los ingredientes como la cocoa y la manteca de karité son excelentes humectantes.

Para mejores resultados, ponte inmediatamente después de la aplicación un par de calcetines. Las cremas para tratar las grietas son muy comunes, pero básicamente son humectantes bastante efectivos. La vaselina también puede funcionar.

Para suavizar los pies rasposos puedes invertir en una lima para pies de buena calidad y utilizarla con los pies limpios y secos. Después huméctalos y enjuaga la lima con agua tibia y déjala secar.

Exfoliación.
Los exfoliadores para pies también son muy efectivos, deben contener un agente abrasivo muy bueno como piedra pómez. No te preocupes, tus pies lo pueden soportar.

Si remojas los pies en agua con menta o aceite del árbol del té puede ser muy relajante y también te ayudará a la circulación.

$ Estilo de vida y remedios naturales

Escoge los zapatos con cautela
Reserva los tacones altos para ocasiones especiales, así nada desfigurará tus pies. Los zapatos deben ser cómodos, con una suela gruesa para amortiguar el golpe de las superficies y flexibles de arriba, deben de permitir doblar tu pie mientras caminas.

Asegúrate de que tus arcos tengan soporte, la base del zapato debe ser acolchonada, pero en el arco debe ser rígida, fíjate que en donde tu pie se dobla, el zapato haga lo mismo y donde no, el zapato debe darte soporte.

Higiene

Cámbiate las medias y calcetines todos los días y mantén los pies escrupulosamente limpios y secos, especialmente entre los dedos, en donde se pueden producir hogos. Cada seis meses trata de ir al podólogo para evitar las callosidades, o las uñas enterradas, u hongos en las uñas.

Vigila tu peso

La obesidad y un zapato con soporte ineficiente pueden provocar una condición llamada fascitis plantar (inflamación del músculo que corre por la planta del pie). Es más fácil evitar este padecimiento que tratarlo una vez que ya te dio. De ser así tendrás que llevar un estricto régimen de estiramientos y de descanso de los pies y esta cura puede tomar meses.

Cargar cosas muy pesadas puede causar que la piel en los talones se endurezca y se agriete. Mantén los talones humectados, exfóliatelos y trata de conservar un peso saludable (ver página 168-171).

Uñas

Tus uñas no necesitan ser unas garras largas y rojas para ser hermosas. Pueden ser cortas, de color rosa con las puntas blancas, limpias y lucir saludables. La uñas feas —ya sea por mordértelas, infecciones o descuido— pueden alejar a cualquier persona de verse glamorosa.

$$$ Procedimientos cosméticos

El manicure es el procedimiento más común para las uñas en el salón de belleza, pero también puedes aprender a hacerlo en casa.

Un manicurista te dejará las uñas limpias, con forma, suaves, sin cutícula y finalmente las hará brillar, quizás utilice una capa de acondicionador para pulirlas.

El manicure cuesta alrededor de $120 y se debe hacer cada mes.

Las uñas postizas son un tratamiento de belleza muy popular, pero pueden dañar tus uñas.

El acrílico es el material más común, ya que es duradero y maleable. Los salones que se dedican a poner uñas o un buen salón de belleza las pondrán adecuadamente. Pregunta antes de elegir uno.

La aplicación dura alrededor de una hora y media y comienza con una limada a tu uña hasta obtener una superficie rasposa, esto hace más fácil que se adhiera el pegamento que sostendrá a la uña postiza en su lugar. Entonces la nueva uña se lima para darle forma y sacarle brillo. El resultado es espectacular, en tan sólo unos momentos tendrás uñas largas y fuertes.

Claro que el mantenimiento de las uñas es básico —aplícate un poquito de aceite de vez en cuando para evitar que pierdan su brillo, aplícate el acrílico nuevo cada seis semanas, más o menos, antes de que la uña natural se vea.

Estuche de uñas de acrílico

Esto significa que lo puedes hacer en casa, pero hazlo con productos de calidad y con las uñas bien limpias.

Endurecedor de uñas

La uñas débiles —que se caracterizan por romperse, partirse o pelarse— se pueden tratar con los endurecedores de uñas (pueden endurecer o hacer crecer la uña). Los ingredientes que deben tener son retinol, proteína de trigo y calcio.

Removedor de cutícula

La cutícula dañada puede arruinar la apariencia de las uñas. Consigue un removedor suave que contenga aceite de almendras y vitaminas A y E. El removedor de cutícula la suaviza permitiéndote empujarla hacia atrás sin dañarla.

Las cutículas dañadas pueden ser dolorosas, lastimar las uñas e incluso impedir el crecimiento, así que trátalas bien.

Blanqueador de uñas

Si las uñas están amarillas, ya sea por naturaleza o por un exceso de limado, entonces un blanqueador de uñas te puede ayudar. Debes remojar las uñas en esta solución e incluir un agente abrillantador como el regaliz.

$ Estilo de vida y remedios naturales

Dieta

Las uñas feas están relacionadas con malos hábitos de alimentación, así que deja el cigarro y el alcohol y toma mucho calcio, zinc y hierro.

¡Deja de mordértelas!

Si es que te muerdes las uñas, deberías intentar dejar de hacerlo. El mordértelas las puede dañar a largo plazo y además puede conducir a infecciones muy desagradables. Las fórmulas que se aplican para evitar que te las muerdas normalmente son horribles al gusto, pero no hacen daño.

Protégelas

Los guantes de plástico para quehaceres de la casa protegen las uñas de los efectos dañinos de los detergentes.

Higiene

Mantén limpias las uñas utilizando un cepillo y un jabón suave. Para arreglarte las cutículas, remójalas en agua tibia y empújalas hacia atrás con tu propia uña, no necesitas nada más fuerte.

Córtate las uñas, o sólo dales forma para prevenir infecciones.

La crema para manos mantendrá tus manos hidratadas y tus uñas nutridas. Busca crema para manos que contenga un acondicionador para uñas.

TÍTULOS DE ESTA COLECCIÓN

Esta obra se imprimió en
Corporación de Servicios Gráficos Rojo, S. A. de C. V.
Progreso No. 10 Col. Centro
Ixtapaluca Edo. de México C. P. 56530